Antje Kahnt

DÜSSELDORFS STARKE FRAUEN

Liebe Frau Dr. Stauch,
wir wünschen Ihnen ein
frohes Weihnachtsfest
Ihre "3 starken Frauen"
aus Düsseldorf

Dezember 2016

Antje Kahnt

DÜSSEL DORFS STARKE FRAUEN

30 Porträts

Droste Verlag

INHALT

VORWORT

Die Autorenfilmerin Margarethe von Trotta hat einmal gesagt, dass sie ganz ohne Vorsatz immer wieder Frauenfiguren ins Zentrum ihrer Filme rückt. Nach ihrer Ansicht kommen in einer von Männern geschriebenen Geschichte die Lebenswege der Frauen ohnehin immer zu kurz und bieten ihr gerade deshalb besonders spannenden Stoff.

Als Stadtführerin nutze ich gern Lebensläufe besonderer Menschen, um das Ineinandergreifen der Zahnräder der Geschichte in Düsseldorf sichtbar werden zu lassen. Auch mich faszinieren besonders die Schicksale von Frauen, die entgegen allen gesellschaftlichen Normen in ihrer Zeit einfach »ihr Ding gemacht« haben. Deshalb habe ich für meine Touren nach und nach nicht nur Biografien bedeutender Altstadtbewohnerinnen recherchiert, sondern auch spannende Geschichten aus der Historie von Kaiserswerth bis nach Benrath gesammelt.

Als der Droste Verlag für dieses Buch auf mich zukam, hatte ich zunächst nur diese historischen Protagonistinnen meiner Führungen im Sinn. Meine Lektorinnen Ute Voges und Anna Lefringhausen haben mich jedoch überzeugt, dass bedeutende Düsseldorferinnen von heute nicht fehlen dürfen. Dass ich einigen von ihnen bei Interviews persönlich »auf den Zahn fühlen« durfte, hat mir schließlich den größten Spaß gemacht.

Kaffee und Apfeltörtchen brauchte ich nicht, um zur Malerin und Bildhauerin Hannelore Köhler direkt einen guten Draht zu haben. Beide haben wir einige Zeit in Dresden verbracht, beide sind wir in Düsseldorf »sesshaft« geworden und beide haben wir noch einen Koffer in Paris. In Hannelore Köhlers Atelier hängen viele ihrer Leinwände mit Pariser Straßenszenen, die mit entzückender Alltagskomik wie ihre Skulpturen in Düsseldorfs Straßen von der großen Menschenliebe ihrer Urheberin zeugen. Statt nach einer habe ich mich erst nach drei Stunden verabschiedet.

Es hätte seit dem Mittelalter viele Frauen in Düsseldorf gegeben, die ebenfalls einen Platz unter den Porträtierten verdient hätten. Bei manchen gab es nicht genug belastbares Quellenmaterial, zu anderen habe ich keinen Zugang gefunden. In meiner daher sehr persönlichen Auswahl kam ich an den Berühmten wie der Medici-Kurfürstin, Clara Schumann oder der spukenden Jakobe von Baden natürlich nicht vorbei. Noch wichtiger war mir jedoch, weniger bekannte Düsseldorferinnen mit Charakter vor dem Vergessen zu bewahren, sodass sie in der Stadtgeschichte nicht wieder zu kurz kommen.

Antje Kahnt

SOPHIE VON SACHSEN-LAUENBURG

Um 1420/30–09.09.1473

Düsseldorfer Adresse: Altstadt, Bergische Burg Düsseldorf, Burgplatz; Benrath, Wasserburg, Urdenbacher Allee
In Düsseldorf mehrmals zwischen 1444 und 1467

Die vergessene »Retterin von Düsseldorf«

Sonderlich viel ist nicht überliefert über die Herzogin, die vor über fünfhundert Jahren die Geschicke von Jülich und Berg lenkte. Die Tochter des Herzogs von Sachsen-Lauenburg kam 1444 in unsere Region. Im September heiratete sie Herzog Gerhard II. in der Düsseldorfer Burg. Gerhard, seit 1428 Graf von Ravensberg, hatte erst 1437 die Herzogswürde in Jülich und Berg von seinem Onkel geerbt, damit aber auch die langwierigen Konflikte mit Geldern.

Kurz nach der Heirat errang er in der Hubertusschlacht bei Linnich am 3. November 1444 einen entscheidenden Sieg gegen Geldern. Seinen vom Kaiser bestätigten Anspruch auf dieses Herzogtum konnte er zwar nicht durchsetzen, aber er verdrängte die Eindringlinge aus seinem Hoheitsgebiet und beendete damit den Zweiten Geldrischen Erbfolgekrieg. Zum Dank stiftete er den Hubertusorden in Anlehnung an den Orden vom Goldenen Vlies, den die mit Geldern verbandelten Burgunder ins Leben gerufen hatten.

Ende des fünfzehnten Jahrhunderts regierte der Herrscher noch aus dem Sattel. Vom Herzogspaar sind gut einhundertfünfzig Reisen in ihrem Gebiet belegt, bei denen sie Campingurlaubern gleich die nötigste Habe mit sich führten. Nach Düsseldorf kamen sie selten – meist nur für Festivitäten –, denn die Burg war für längere Aufenthalte zu klein. Trotzdem schenkten sie der Stadt Beachtung. Um 1450 ließ der Herzog die Burg modernisie-

ren, zur gleichen Zeit holte er die Kreuzbrüder in die Stadt. Die Herzogin wurde zu einer großen Unterstützerin des Ordens. 1460 rief sie die Bevölkerung zu Spenden für die Bauaktivitäten an der Ratinger Straße auf und bedachte den Orden mit zahlreichen Zuwendungen. Den Prior dieses ersten Düsseldorfer Klosters erwählte sie zu ihrem Beichtvater. An der Decke des südlichen Schiffes der derzeit nicht zugänglichen Kreuzherrenkirche erinnert das sächsische Wappen an die Gönnerin des Ordens.

Die Fehde mit Geldern hatte in der herzöglichen Kasse ein empfindliches Loch hinterlassen. Da lange Zeit kein Thronfolger in Sicht war, schloss Gerhard 1451 zur Finanzierung seiner Ausgaben mit dem Kölner Erzbischof Dietrich von Moers einen brisanten Vertrag. Gegen Zahlung von 104.000 Gulden verpfändete er seinen Erbanspruch. Dietrich von Moers witterte ein todsicheres Geschäft. Doch im elften Ehejahr schenkte Sophie ihrem Gemahl schließlich doch noch den ersehnten Thronerben. Der Deal platzte, das Geld war längst futsch und Düsseldorf fiel nicht unter die direkte Fuchtel des Kölner Kirchenmannes. Wen wundert es bei dem »irren Pakt«, dass Gerhard spätestens 1460 dem Wahnsinn verfiel und nicht mehr regierungsfähig war?

Nun schlug die zweite wichtige Stunde der Herzogin. Ab sofort nahm sie das Heft selbst in die Hand und führte für ihren Gemahl die Regierungsgeschäfte, der offiziell auf allen Urkunden verzeichnet blieb. Er wurde von Zeitgenossen als »zur Innenpolitik neigend« beschrieben und war kein Anhänger von Jagd und Schlachtgetümmel. Ihm hatte die »Mehrung des Gottesdienstes« in seinem Land am Herzen gelegen. Die Herzogin för-

»... wollen begrauen liegen in der Cruytzbroerder Ordens Kirchen zo Duysseldorp ...«

derte neben den Kirchen nun nachweislich auch die höfische Kultur. Sie unterhielt eine kleine Kapelle aus Pfeifern, Trompetern und Lautenschlägern und hatte mehrere Hofnarren, die mit ihren gewitzten Reden als Vorgänger der Theaterkultur gelten. Neben der bergischen Stammburg bei Solingen hielt sie sich besonders gern auf der Burg Nideggen in der Eifel auf. Im Sommer war die Benrather Burg ein beliebtes Quartier. Dort hatte sie zwei Wohnkammern mit einer festen Grundausstattung aus einem Schränkchen, Tischen und mehreren Betten eingerichtet.

Trotz finanzieller Nöte schickte sie den ältesten Sohn zur Ausbildung nach Dijon. Die burgundische Residenz Karls des Kühnen hatte damals eine Vorreiterfunktion für die höfische Kultur. Erbprinz Wilhelm konnte dort die diplomatische Grundlage für seine spätere Regentschaft legen.

In der Zeit der zunehmenden Krankheit ihres Mannes brachte Sophie noch drei weitere Kinder zur Welt, Anna, Adolf und Gerhard, die Jahre später als Anlass für einen Angriff auf ihre Integrität und die Ehre des jülich-bergischen Herzogs herhalten mussten: Friedrich von Sombreff, Herr zu Tomburg und Landskron, stellte öffentlich die Vaterschaft Gerhards in Abrede. Im Juli 1473 ließ die Regentin deshalb das Jülicher Heer unter Führung ihrer beiden ältesten Söhne Wilhelm und Adolf die Tomburg bei Rheinbach belagern. Nach acht Wochen

floh der Burgherr und sein Domizil wurde restlos zerstört. Einen Tag, nachdem die Ehre des Hauses Jülich-Berg wiederhergestellt war, erhielt Sophie von Sachsen-Lauenburg vom Prior der Düsseldorfer Kreuzbrüder die letzte Ölung. Sie starb auf Burg Nideggen an »schwerer Krankheit«. In ihrem Testament vermachte sie dem Marienstift (heute St. Lambertus), der Benrather Kirche sowie dem Kreuzbrüderorden wertvollen Besitz. Außerdem wollte sie in der Kreuzherrenkirche ihre letzte Ruhestätte finden. Da sie jedoch an einer Epidemie und fern von Düsseldorf starb, wird ihr Grab eher in Nideggen vermutet, dort verliert sich ihre Spur 1473. Das im neunzehnten Jahrhundert in der Kreuzherrenkirche gefundene Skelett schreibt man deshalb Jakobe von Baden zu.

»Wir begeren dat de dry Altair in der Capellen zo Benroede gewyet werden.«

Quellen:
Bernhard Endrulat: Das Testament der Herzogin Sophia von Jülich. In: Zeitschrift des Bergischen Geschichtsvereins, Band 15 (1879), S. 97–103.
Annette Fimpeler-Philippen und Sonja Schürmann: Das Schloß in Düsseldorf. Düsseldorf 1999.
Antje Kahnt: Die Düsseldorfer Kreuzherrenkirche. Frankfurt (Oder) 2010.
Brigitte Kasten: Die Hofhaltung im 15. und beginnenden 16. Jahrhundert. In: Klaus Flink und Wilhelm Janssen (Hg.): Territorium und Residenz am Niederrhein. Kleve 1993, S. 171–187.
Wolf-Rüdiger Schleidgen: Die Kreuzherren in Düsseldorf. In: Düsseldorfer Jahrbuch 78 (2008), S. 13–51.
Erich Wisplinghoff: Der bergische Herzogshof um die Mitte des 15. Jahrhunderts. Dargestellt nach der Hofhaltungsrechnung des Jahres 1446/47. In: Düsseldorfer Jahrbuch 57/58 (1980), S. 21–46.

ANNA VON KLEVE

20.09.1515–28.07.1557

Düsseldorfer Adresse: Altstadt, Herzogliche Burg, Burgplatz
In Düsseldorf zwischen 1515 und 1539

Die verhinderte Königin

Geschieden – geköpft – gestorben – geschieden – geköpft – gerade noch überlebt: So lassen sich die Schicksale der Ehefrauen Heinrichs VIII. von England zusammenfassen. Anna von Kleve hatte als Vierte nicht das schlechteste Los gezogen.

Anna war die mittlere Tochter des Herzogs Johann III. von Jülich-Kleve-Berg und wurde »auf der Baustelle« geboren. Die Düsseldorfer Burg war 1510 bei einem Brand stark beschädigt worden. Da Annas Mutter, Maria von Berg, sich gern am Hof ihrer Familie aufhielt, waren die wichtigsten Wohnräume recht schnell wieder hergerichtet worden. Trotz der Einschränkungen verbrachten große Teile des Hofes alljährlich die Wintermonate in Düsseldorf und wechselten nur in den warmen Monaten nach Kleve. Da sich die Aufbauarbeiten über zehn Jahre hinzogen, hielt sich die Herzogin mit ihren drei kleinen Töchtern Sibylle, Anna und Amalia auch häufiger auf Schloss Burg bei Solingen auf. Dem in Düsseldorf geborenen Stammhalter Wilhelm wurde der mit Erasmus von Rotterdam in Kontakt stehende Humanist Konrad Heresbach als Lehrmeister an die Seite gestellt. Für die Erziehung der drei Schwestern war jedoch hauptsächlich die Herzogin selbst verantwortlich. Sie ließ den Mädchen nur wenig klassische Bildung angedeihen, sondern unterwies sie vor allem im Lesen und Schreiben sowie in Handarbeiten. Anders als an den großen europäischen Höfen in Frankreich und England spielten hier

Kunst, Literatur, Musik und Fremdsprachenkenntnisse kaum eine Rolle. Bei einer frühen Heirat konnte ja der Bräutigam seinem »Rohdiamanten« in Ausbildung und Erziehung noch den letzten Schliff geben.

Bei Annas älterer Schwester Sibylle war diese Rechnung aufgegangen. Als Vierzehnjährige heiratete sie den späteren sächsischen Kurfürsten Johann Friedrich I.. Zur selben Zeit wurde für die erst zwölfjährige Anna ein Ehevertrag mit Herzog Franz von Lothringen geschlossen. Dagegen hatte allerdings Kaiser Karl V. etwas einzuwenden und so gingen beide Seiten einfach zur Tagesordnung über – der Ehevertrag wurde offiziell nie aufgelöst – und Anna blieb mit ihrer jüngeren Schwester, der ebenfalls noch unverheirateten Amalia, am Rhein.

Beide Prinzessinnen gerieten 1539 ins Visier des englischen Königs. Er hatte seine dritte Frau kurz zuvor im Kindbett verloren und suchte nach seinem Ausschluss aus der katholischen Kirche mit einer neuen Heirat auch politische Verbündete. Der Düsseldorfer Hof war durch Sibylle bereits mit dem lutherischen sächsischen Kurfürsten verbunden. Weil Sachsens Hofmaler erkrankt war, schickte der König eigens seinen Hofmaler Hans

»Wenn der König ins Bett geht, gibt er mir einen Kuss, nimmt meine Hand und wünscht mir eine Gute Nacht. Am Morgen küsst er mich und sagt mir auf Wiedersehen. Ist das nicht genug?«

»Man hat Anna weder so jung noch so schön gefunden, als alle Welt voraussetzte … Sie ist etwa 30 Jahre alt, groß und stark … und von festem, entschlossenem Ansehn.«

Marillac, französischer Gesandter

Holbein den Jüngeren auf die Reise, der seinem Herrn nach der Rückkehr je ein Porträt von Anna und Amalia vorlegte. Heinrichs Wahl fiel auf die Ältere, die englische Diplomaten in den höchsten Tönen lobten. Im Oktober waren die beiderseitigen Verträge unterzeichnet und Anna machte sich auf eine monatelange Reise über Land.

Erst im Dezember erreichte sie englischen Boden. Heinrich schmachtete ihrer Ankunft entgegen und erwartete sie am Neujahrstag in Rochester. Zu seinem Entsetzen entsprach sie in keiner Weise seinen Vorstellungen. Ihre Erscheinung missfiel ihm, war sie doch nicht nach neuester Mode gekleidet und konnte ihn mangels musikalischer Ausbildung auch nicht mit Gesang oder Tanz beeindrucken. Überrascht war der König, der selbst mehrere Sprachen beherrschte, dass diese nicht zum Lehrpensum an den deutschen Höfen gehörten. In der Anfangszeit konnte er sich mit Anna nicht verständigen, die sich auch noch als katholisch geprägt entpuppte. Da sein Berater Thomas Cromwell, der die Eheanbahnung eingefädelt hatte, kaum Chancen für eine Annullierung des Vertrages sah, fand sechs Tage später die Hochzeit des unwilligen Königs mit der Düsseldorfer Prinzessin

statt. Den Text des Ehegelübdes bekam sie zuvor zum Lernen aufgeschrieben.

Diese Verbindung brachte nicht nur den Kaiser in Rage, sondern belastete in der Folge auch die klevisch-englischen Beziehungen schwer. Das damit einhergehende politische Ränkespiel wurde zunächst Cromwell zum Verhängnis, der in Ungnade fiel und im Sommer 1540 geköpft wurde. Ohne ihren Unterstützer sah es für Anna zunächst nicht gut aus, denn prompt ließ sich der König die Annullierung der Ehe durch das Parlament absegnen. Herzog Wilhelm IV. tobte und beorderte seine Schwester zurück nach Düsseldorf.

Diese stellte sich jedoch als cleverer heraus, als Heinrich ihr zugetraut hatte. Schnell hatte sie gelernt, sich in Englisch verständlich zu machen, und sich in die englischen Hofsitten eingelebt und neu eingekleidet. Mit kühlem Kopf überblickte sie die Tragweite des königlichen Angebotes, als dessen »Schwester« komfortabel begütert in England zu bleiben. Sie erhielt eine jährliche Apanage von dreitausend Pfund Sterling und neben Schloss Richmond – zuvor im Besitz ihrer Vorgängerin Anne Boleyn – weitere Landgüter. Als zweite Dame des Landes nach der Königin nahm »Madam Anna von Kleve«, wie sie

»Madam Anna von Kleve … ist nichts weniger als traurig, vertreibt sich die Zeit auf jede nur mögliche Weise und zieht alle Tage Kleider von wunderlichem Schnitte an.«

Marillac, französischer Gesandter

jetzt genannt wurde, eine würdige, aber politisch unkritische Position ein, die ihr ein freies Leben fern des Hofprotokolls ermöglichte. In der Folgezeit besuchte der König sie zuweilen und fand in ihr schließlich noch eine geistreiche Gesprächspartnerin. Anna freundete sich mit ihren Stieftöchtern Mary und Elisabeth an und erlebte die Krönung der Ersteren 1553 an vorderster Front mit. 1557 starb sie auf Schloss Chelsea, das ihr seit dem Tod von Heinrichs letzter Frau Catherine Parr zusätzlich zur Verfügung stand. Ihren Kurzzeitgemahl überlebte sie um zehn Jahre und war damit zugleich die letzte noch lebende seiner sechs Ehefrauen.

Quellen:
John Cooper: Anna von Kleve, die vierte Gemahlin Heinrichs VIII. von England. In: Edmund Spohr und Hatto Küffner (Hg.): Düsseldorfer von Welt. Düsseldorf 2004, S. 24–41.
John Cooper: Die Bedeutung der Bildnisse Anna von Kleves für die Heiratsverhandlungen mit Heinrich VIII. In: Städtisches Museum Haus Koekkoek Kleve und Stadtmuseum Düsseldorf (Hg.): Land im Mittelpunkt der Mächte. Die Herzogtümer Jülich, Kleve, Berg. Ausstellungskatalog. Kleve 1984, S. 155–158.
Annette Fimpeler-Philippen und Sonja Schürmann: Das Schloß in Düsseldorf. Düsseldorf 1999.
Wilhelm Janssen: Kleve, Mark, Jülich, Berg, Ravensberg 1400–1600. In: Städtisches Museum Haus Koekkoek Kleve und Stadtmuseum Düsseldorf (Hg.): Land im Mittelpunkt der Mächte. Die Herzogtümer Jülich, Kleve, Berg. Ausstellungskatalog. Kleve 1984, S. 17–40.
Heike Preuß: Politische Heiraten in Jülich, Kleve und Berg. Städtisches Museum Haus Koekkoek Kleve und Stadtmuseum Düsseldorf (Hg.): Land im Mittelpunkt der Mächte. Die Herzogtümer Jülich, Kleve, Berg. Ausstellungskatalog. Kleve 1984, S. 133–146.
Emile Smit und Jan Zweers: Der Erwerb Gelderns als Beweggrund für die Heirat von Anna von Kleve und Heinrich VIII. von England. In: Städtisches Museum Haus Koekkoek Kleve und Stadtmuseum Düsseldorf (Hg.): Land im Mittelpunkt der Mächte. Die Herzogtümer Jülich, Kleve, Berg. Ausstellungskatalog. Kleve 1984, S. 147–154.

JAKOBE VON BADEN

16.01.1558– 03.09.1597

Düsseldorfer Adresse: Altstadt, Düsseldorfer Residenz, Burgplatz
In Düsseldorf von 1585 bis 1597

Unglücklich unsterblich

Am 16. Juni 1585 begann das größte Fest, das jemals am Düsseldorfer Schloss gefeiert wurde. Jakobe, die Tochter des Markgrafen Philibert von Baden, heiratete den Jungherzog Johann Wilhelm. Tags zuvor waren die Braut und ihre rund fünfhundert Personen umfassende Reisegesellschaft mit einem phänomenalen Triumphzug begrüßt worden. Die Feierlichkeiten versetzten die Stadt neun Tage in den Ausnahmezustand. An die Trauungszeremonie und den Hofball schlossen sich Turniere zu Land und auf dem Rhein an und die Gäste konnten die erste nachweisbare Opernaufführung in Deutschland sowie Düsseldorfs erstes Feuerwerk bestaunen.

Mit diesem Rummel war die junge Herzogin sicher zu beeindrucken. Nachdem sie bereits sehr früh beide Eltern verloren hatte – ihre Mutter, Mathilde von Bayern, war 1565 gestorben, der Vater 1569 – war das Waisenkind am Hof ihres Onkels, Herzog Albrechts V. von Bayern, in München aufgewachsen, einem der glanzvollsten deutschen Höfe, dessen frühbarocker Prunk Jakobe stark prägte. Von ihrer Großmutter erzogen hatte sie zudem eine umfassende Bildung erhalten.

Der Bräutigam war zunächst für die kirchliche Laufbahn vorgesehen gewesen und als Kind bereits zum Bischof von Münster bestimmt worden. Nach dem Tod des älteren Bruders rückte er an den Platz des Thronfolgers. Sein Vater, Wilhelm der Reiche, war durch seine zweite Gemahlin, Erzherzogin Maria von Habsburg, mit Kaiser

Rudolf II. verschwägert, der sich aus Prag in die Heiratsanbahnungen einmischte. Jakobe war dessen Wunschkandidatin, weil die Tochter des protestantischen Markgrafen von Baden mit der Übersiedlung nach München nicht nur den Ort gewechselt hatte, sondern sich fortan zum katholischen Glauben bekannte. Auch der Papst befürwortete die Verbindung und verlieh der »frommen Frau« später für ihre Glaubenstreue am Düsseldorfer Hof die Goldene Rose.

Wilhelm, der Sympathien für die Protestanten hegte, war zunächst gegen die Heirat gewesen, weil er fürchtete, sie könne seinen Sohn in dessen gegenreformatorischer Gesinnung bestärken. Tatsächlich schweißte der gemeinsame Glaube Jakobe und Johann Wilhelm zusammen und sie versuchten, dem schwachen Altherzog und seinen immer autarker agierenden Hofräten sukzessive die Macht zu entziehen. Jakobe setzte sich zudem für eine Aufbesserung der Finanzen des Fürstenpaares ein, welche trotz hoher Verpflichtungen nicht an die Einnahmen ihrer Höflinge heranreichten. Dadurch brachten sie den Altherzog gegen sich in Stellung. Dessen Intrigen ließen Johann Wilhelm um sein Leben fürchten. Die Furcht wuchs sich 1589 zu Verfolgungswahn und »Leibesblödigkeit« aus. Den Jungherzog bekam man tags wie nachts nur noch gerüstet zu Gesicht: Als er bis an die Zähne bewaffnet die eigenen Höflinge attackierte, ließ der Vater ihn schließlich im Schlossverlies zum Schutz der Allgemeinheit einsperren.

Alsdann versuchte sich Jakobe als Regentin an Stelle ihres Mannes zu positionieren. In der schwierigen politischen und finanziellen Lage fehlte ihr jedoch für die Regierungsgeschäfte das diplomatische Geschick. Als Ka-

»Alles nichts dann eitel falsche zusammengedichte, gotteslästerliche und hochstrafbare Schandlügen ...«

tholikin versuchte sie einige evangelische Räte für sich zu gewinnen. Damit machte sie jedoch Front gegen ihre Familie und zog den Unmut des Kaisers auf sich. Deshalb wechselte sie reumütig das Lager, zu dem nach dem Tod des Altherzogs jedoch auch ihr Erzfeind, Graf von Waldenburg, genannt Schenkern, stieß. Mithilfe des labilen Jungherzogs hatte dieser ein außerordentliches Vermögen angehäuft und verfügte über großen Einfluss in der Verwaltung des Landes. Für ihn war es ein Leichtes, die Herzogin wegen ihres Wankelmuts in Misskredit zu bringen. Sie sah sich schließlich allein gegenüber den Hofräten, die sich ohnehin nicht als Diener des Herzogspaares verstanden, sondern eigene Pfründe sicherten.

Dass Jakobe mangels Gelegenheit ihre Hauptaufgabe, das Gebären eines Thronerben, nicht erfüllen konnte, nutzten die Hofräte geschickt für ihre Intrigen. Zur Sicherung der Thronfolge suchten sie nach einer neuen Frau für den Herzog, obwohl eine Neuverheiratung erst nach Jakobes Ableben infrage kam. Um dem Schicksal auf die Sprünge zu helfen, erwartete Marschall Schenkern die Herzogin nach dem Landtag 1595 im eigenen Schloss und setzte sie im Turm gefangen. Mit Unterstützung ihrer Schwägerin Sibylle, die selbst nach dem Titel der Herzogin schielte, hatten Jakobes Widersacher eine Anklageschrift zusammengestellt. Jakobe wurden einundneunzig Vergehen angelastet. Besonders schwer wogen die Ver-

untreuung von Geldern, Hexerei, die Vernachlässigung des Gemahls und ein Ehebruch mit dem Mundschenken Dietrich von Hall. Dafür hatte Sibylle ihre Schwägerin auf Schritt und Tritt verfolgt und schreckte nicht einmal vor »Lauschangriffen« auf Jakobes Privatgemächer zurück. Obwohl die Anklagepunkte nicht bewiesen waren, brachte sich der Henker schon in Positur. Unterstützung erhielt die gefangene Herzogin nicht einmal aus dem Kreis ihrer Familie, die Vettern in München und Köln hofften auf Machtzuwachs nach dem zu erwartenden kinderlosen Ableben des bergischen Herzogs.

Weil die neue Heiratskandidatin für den wieder freigelassenen Herzog sich anschickte, eine andere Verbindung einzugehen, drängte die Zeit. Doch das gewünschte Schuldurteil des Kaisers ließ auf sich warten. Deshalb brannten bei den Strippenziehern des Komplotts die Sicherungen durch – am Morgen des 3. September 1597 fand man die Herzogin leblos in ihrem Schlafgemach. Der eilig hinzugezogene Hofarzt hatte nichts zu beanstanden und eine Woche später wurde die hochgeborene Leiche bestattet: ohne Familienangehörige, unstandesgemäß und anonym in der Kreuzherrenkirche. Wegen der Gerüchte über ihren plötzlichen Tod – Augenzeugen erzählten von Würgemale am Hals – und der einer Herzogin unwürdigen Bestattung hält sich bis heute die Legende, dass Jakobe seitdem als schlohweißes Gespenst im Schlossturm allabendlich ihren Mörder sucht. Heinrich Heine will sie dort allerdings als »Schwarze Dame ohne Kopf« gesehen haben. Da vermutlich ihre Gebeine 1820 infolge der Säkularisierung der Kreuzherrenkirche nach St. Lambertus überführt wurden, liegt jedoch die Vermutung nahe, dass sie sich im Schloss ein wenig Erholung von ihrer dortigen Gesellschaft des schwachsinnigen Gemahls und des griesgrämigen Schwiegervaters verschafft.

Kurz nach der Markteinführung von Persil machte der Fabrikant Henkel Düsseldorfs »Weiße Frau« ungefragt zur Werbeikone. Seitdem ist sie auf der grünen Blechbüchse in unzählige deutsche Haushalte eingezogen. Wer nachts Geräusche aus der Waschküche hört, hat möglicherweise Nager als Untermieter. Es ist jedoch auch möglich, dass unser Schlossgeist im Schrank rumort.

»So hat es sich auch offtmals zugetragen, daß Wir oder auch Unser Herr Gemahl … nicht so viell Gelts bekummen konnten, daß wir den Armen etwaß mittheilen …«

Quellen:

Theodor von Haupt: Jacobe, Herzogin von Jülich, geborene Markgräfin von Baden. Biographische Skizze. Coblenz 1820.

Wilhelm Janssen: Kleve, Mark, Jülich, Berg, Ravensberg 1400–1600. In: Städtisches Museum Haus Koekkoek Kleve und Stadtmuseum Düsseldorf (Hg.): Land im Mittelpunkt der Mächte. Die Herzogtümer Jülich, Kleve, Berg. Ausstellungskatalog. Kleve 1984, S. 17–40.

Paul Kauhausen: Zur Geschichte der Düsseldorfer Kreuzherrenkirche. In: Das Tor, Jg. 4, Nr. 7 (1935), S. 183–188.

Paul Kauhausen, Richard Keller et al.: Jakobe von Baden. Zur Geschichte ihres Schicksals. Das Tor, Jg. 4, Sonderdruck, Nr. 7 (1935).

Wilhelm Muschka: Opfergang einer Frau. Das Lebensbild der Herzogin Jakobe von Jülich-Kleve-Berg geborene Markgräfin von Baden. Baden-Baden 1987.

Else Rümmler: Die Düsseldorfer Hochzeit im Jahre 1585. In: Städtisches Museum Haus Koekkoek Kleve und Stadtmuseum Düsseldorf (Hg.): Land im Mittelpunkt der Mächte. Die Herzogtümer Jülich, Kleve, Berg. Ausstellungskatalog. Kleve 1984, S. 167–180.

ANNA MARIA LOUISA VON MEDICI

11.08.1667–18.02.1743

Düsseldorfer Adressen: Altstadt, Residenz am Burgplatz;
zeitweise Benrath, Altes Schloss (sogenannte Orangerie), Urdenbacher Allee 6
In Düsseldorf von 1691 bis 1717

Die temperamentvolle Kurfürstin aus Florenz

»Ihre Augen … sprühen voller Leben und Esprit. Sie schreitet sehr graziös, manchmal vielleicht ein wenig hochmütig. Auch tanzt sie gut, reitet wie ein Mann und ist bei der Jagd so treffsicher, dass sie es mit jedem aufnehmen kann. Sie ist kerngesund und von großer Ausdauer. … Sie ist geistreich, liebt die Literatur und ist sehr musikalisch. Neben dem Lateinischen beherrscht sie auch mehrere Sprachen.« Die vielfältigen Talente und das lebhafte Temperament, von denen der französische Gesandte am Hof von Florenz hier berichtet, wurden der toskanischen Prinzessin und späteren Kurfürstin von der Pfalz nicht von ihrem Vater Cosimo III. de' Medici in die Wiege gelegt. Geerbt hat sie die Leidenschaft für Jagd, Tanz und Theater von ihrer französischen Mutter Marguerite Louise d'Orléans, der Cousine des Sonnenkönigs.

Um die seit der Heirat ihrer Urgroßeltern Maria de' Medici und Henry IV. bestehende Allianz zwischen Bourbonen und Medici noch einmal zu festigen, waren Anna Marias Eltern 1661 zu einer politischen Heirat gedrängt worden. Wer bei diesem ungleichen Paar mehr darunter litt, ist nicht zu klären. Trotz aller Bemühungen des Medici-Clans fühlte sich die französische Prinzessin derart eingeengt, dass sie sogar versuchte, durch wilde Jagdritte ihre Schwangerschaften zu unterbinden. Mit guter Konstitution gesegnet bahnte sich Anna Maria Louisa von Medici 1667 als zweites Kind trotzdem den Weg ins Leben. Acht Jahre später gestattete Ludwig

XIV. der Mutter die Rückkehr nach Frankreich. Diese tauschte den Florentiner Palast mit einem Pariser Kloster und brachte seinerzeit sowohl das Klosterleben als auch den französischen Hof mit ihren Eskapaden durcheinander. Deshalb wurde die kleine Prinzessin im Palazzo Pitti von Gouvernanten und ihrem Vater erzogen, an dem sie sehr hing.

Als Anna Maria zwölf Jahre alt war, machte ein deutscher Adelsspross am Hof der Medici auf seiner Kavalierstour durch Europa Station. Dass der spätere Kurfürst Johann Wilhelm von Pfalz-Neuburg, Jan Wellem genannt, sie zwölf Jahre später als Braut auserkor, war noch nicht absehbar. Ob sich die beiden damals überhaupt begegnet sind, ist nicht überliefert.

Nach dem Tod seiner ersten Gemahlin, der Kaisertochter Anna Maria Josepha, war der junge Fürst wieder auf Brautschau. Seine Hofmaler wurden ausgeschickt, die Kandidatinnen auf die Leinwand zu bannen. Seine Wahl fiel auf die schöne Florentinerin. Über seine Schwestern war er mit zahlreichen Herrscherhäusern Europas verbunden. Als mächtigster der deutschen Kurfürsten war er auch aus Sicht der Medici eine interessante Partie, würde seine Gemahlin nach der Kaiserin doch die zweite Frau des Deutschen Reiches sein.

Nachdem die umfangreichen Bedingungen des Heiratsvertrages schließlich für beide Seiten zufriedenstellend festgehalten worden waren, besiegelte am 29. April 1691 in Florenz eine vorläufige Heirat »per procurationem« den pfälzisch-toskanischen Bund. Erbprinz Ferdinando vertrat dabei seinen neuen Schwager. Anschließend begab sich die Braut mit ihrer Entourage auf die Reise in die neue Heimat, wo sie von ihrem Gemahl

»Ich bin die glücklichste Prinzessin, die sich denken lässt, und zufrieden, wie niemand sonst.«

sehnsüchtig erwartet wurde. Kurz entschlossen reiste er ihr deshalb bis Innsbruck entgegen, um sie noch vor den Hochzeitsfeierlichkeiten in Augenschein zu nehmen. Offensichtlich hatten die Hofmaler nicht zu viel versprochen, der Kurfürst entflammte mit dem ersten Blick. Auch Anna Maria war angetan, zunächst von Aufmerksamkeiten und Geschenken sowie den Festivitäten zu ihrer Hochzeit im Juni am Neuburger Hof. Aus ihren Briefen in die Heimat lässt sich lesen, dass sie in ihrem Kurfürsten einen Gefährten fand, mit dem sie viele Interessen teilte.

Mitte Juli kam das junge Paar im Rheinland an und ließ sich beim Einzug in Düsseldorf feiern. Kaum eingerichtet in ihrem neuen Domizil im Düsseldorfer Schloss begleitete sie den Gemahl bereits in die umliegenden Besitztümer in Benrath und Bensberg zu ausgiebigen Jagden.

Zum damals eine gute Stunde von Düsseldorf entfernten Landsitz in Benrath reiste die Fürstin besonders gern. Nachdem der kleine Düsseldorfer Schlossgarten für den Bau der kurfürstlichen Galerie geopfert worden war, waren die regelmäßig in Holland georderten Tulpenzwiebeln für den Benrather Garten bestimmt. Im Benrather Forst war die Hofgesellschaft regelmäßig zu Jagdritten unterwegs. Vergnügt berichtete Anna Maria nach Hause, dass sich aus den Fenstern ihrer Gemächer im Schlossweiher fischen ließe. Außerdem amüsierte

sie sich über die »fröhlichen Frösche«, denen die Lust zu großen Konzerten freilich bald vergehen sollte: Die Fürstin entpuppte sich als »Geißel der Frösche« und stellte ihnen unerbittlich nach. Für Krammetsvögel und Wildschweine brachen ebenfalls schlechte Zeiten an. Einmal fürchtete Anna Maria, nach neunzehn Abschüssen sämtliche Wildschweine erlegt zu haben und nun das Jagdgebiet wechseln zu müssen.

Neben den Jagdvergnügen, die sich hauptsächlich in den Sommer- und Herbstmonaten abspielten, vereinte das Fürstenpaar auch die Leidenschaft für die Künste. Anna Maria war an einem kunstsinnigen Hof aufgewachsen, der seine Kunstschätze durch Mäzenatentum zusammentrug. So unterstützte sie den Gemahl, flämische und italienische Meister zu erwerben, und verhalf seiner wachsenden Gemäldesammlung zu mehr Profil. Doch die Kurfürstin kaufte auch Kunstwerke für ihre eigene Sammlung an, die sich heute in Florenz befindet.

Außerdem spielte sie Cembalo und liebte Ballette und Opernaufführungen – galt Florenz damals doch als Hochburg der italienischen Oper. Für den Bau eines neuen Opernhauses in Düsseldorf durch Matteo Alberti stiftete sie beträchtliche Summen aus ihrer Privatschatulle. Anfang 1696 wurde an der Stelle des vormaligen Reigenhauses an der Mühlenstraße die Hofoper eröffnet, die jedoch bereits im Siebenjährigen Krieg wieder zerstört wurde. In der Winterzeit standen außerdem verschiedene Karnevalsvergnügen an. Das Fürstenpaar mischte sich dann gern im Gewand von Bauern oder Gastleuten unters Volk.

Die sich im Jahreskreis wiederholenden Vergnügungen und Festivitäten, bei denen die Fürstin im Licht der

»Für Karneval wird ein hübsches Theater vorbereitet; wo man früher spielte, war es ein Elend. Jetzt wird ein Quartier dafür freigemacht.«

Öffentlichkeit stand, konnten nicht darüber hinwegtäuschen, dass diese Öffentlichkeit auf einen Thronerben wartete, der zukünftig die Geschicke der Pfalz, aber auch der Toskana in seine Hände nehmen sollte. Eine Fehlgeburt 1692 machte jedoch alle Hoffnungen zunichte. Anna Maria wurde nie wieder schwanger, obwohl sie in Aachen kurte, auf Wallfahrten ging und der Kurfürst öffentliche Bet-Tage zur Erflehung eines männlichen Leibeserben anordnete. Stattdessen kümmerte sie sich um ihr Anvertraute. Sie pflegte ihre jüngste Schwägerin Leopoldine, die nach längerer Krankheit mit vierzehn Jahren starb, und blieb später an der Seite ihres vom Schlaganfall gezeichneten Gemahls. Bis über den Tod hinaus sicherte sie die Versorgung ihrer engen Vertrauten und Hofdamen. Zur Kontemplation suchte sie regelmäßig die Ursulinen auf, pflegte Korrespondenzen oder ordnete ihre Kabinette neu.

Als Jan Wellem 1716 starb, übernahm sein Bruder Carl Philipp die Pfälzer Kurwürde. Er verlagerte den Hof nach Mannheim, sodass Düsseldorf als Witwensitz der Kurfürstin an Attraktivität verlor. Nach dem Trauerjahr kehrte sie in ihre Heimat zurück. Fünfundzwanzig Jahre blieben ihr noch, um den Schlusspunkt unter die Dynastie der Medici zu setzen und das Erbe an das Habsburger Haus zu übergeben.

Die Habsburger erlebten jedoch nach ihrem Tod eine Überraschung. In ihrem Testament, das ebenso strukturiert und aufgeräumt war wie ihre Düsseldorfer Kabinette, verfügte sie den dauerhaften Verbleib der Kunstschätze in Florenz.

Als ihre Grabstätte in San Lorenzo 2012 geöffnet wurde, entdeckten die Forscher auf ihrem Schädel die Reste des Kurhutes. Sie hatte sich mit dem Würdenzeichen ihres Gemahls bestatten lassen – ein Zeichen ihres Standesbewusstseins oder ein Liebessouvenir aus Düsseldorf? Die Replik kann heute im Foyer des Medici-Hotels an der Andreaskirche bewundert werden.

»Müßiggang schafft nur Unordnung. Leider ist dies Übel in dem kleinen Land sehr verbreitet.«

Quellen:
Bettina Baumgärtel (Hg.): Himmlisch, herrlich, höfisch: Peter Paul Rubens, Wilhelm von der Pfalz und Anna Maria Luisa de' Medici. Ausstellungskatalog Museum Kunstpalast Düsseldorf. Leipzig 2008.
Siegrid Kleinbongartz (Hg.): Die Akte Jan Wellem. Ausstellungskatalog Stadtmuseum Düsseldorf. Düsseldorf 2008.
Hermine Kühn-Steinhausen: Briefwechsel der Kurfürstin Anna Maria Luise von der Pfalz. In: Düsseldorfer Jahrbuch 40 (1938), S. 15–256.
Heinrich Riemenschneider: Theatergeschichte der Stadt Düsseldorf. Band 1. Düsseldorf 1987.
Stadtmuseum Düsseldorf (Hg.): Anna Maria Luisa Medici. Kurfürstin von der Pfalz. Ausstellungskatalog. Düsseldorf 1988.

WILHELMINE LUISE VON ANHALT-BERNBURG

30.10.1799–09.12.1882

Düsseldorfer Adressen: Pempelfort, Schloss Jägerhof, Jacobistraße 2;
Benrath, Schloss, Benrather Schlossallee 100–106
Eller, Schloss, Heidelberger Straße 30
In Düsseldorf von 1821 bis 1848 und 1855 bis 1882

Prinzessin mit Pinsel und Palette

In Düsseldorf ist der Name der Königlichen Hoheit Wilhelmine Luise von Preußen noch mit ihrem Protektorat der 1837 gegründeten höheren Lehranstalt für Mädchen, dem heutigen Luisengymnasium, verbunden. Außerdem kennt man sie als Malerin und Zeichnerin von Landschaften und Gebäudeansichten aus der Umgebung des Eller und des Benrather Schlosses, die heute wertvolle Dokumente bei Restaurierungen sind.

Geboren wurde das aufgeweckte Mädchen als Tochter des 1806 zum Herzog ernannten Alexius von Anhalt-Bernburg auf Schloss Ballenstedt im Harz. Der umsichtige Fürst förderte die Eisenindustrie und den Tourismus der Region und hatte Künstler wie den Dresdner Malerei-Professor Gerhard von Kügelgen am Hof zu Gast. Die Kindheit seiner geliebten Tochter wurde überschattet durch die zunehmende Geisteskrankheit der Mutter Marie Friederike von Hessen-Kassel, die schließlich im August 1817 zur Scheidung der Eltern führte.

Drei Monate später feierte die Prinzessin ihre Hochzeit mit dem fünf Jahre älteren Prinzen Friedrich von Preußen. Dieser war nach dem Tod seines Vaters zusammen mit seinen Vettern, den Söhnen des preußischen Königs Friedrich Wilhelm III., aufgewachsen. Der Bräutigam brachte den Titel der Königlichen Hoheit in die Ehe, die Haushaltskasse hatte Luises Vater durch eine großzügige Mitgift sowie eine jährliche Apanage gefüllt.

In der Anfangszeit in Berlin galt die Ehe von »Fritz« und Luise als ausgesprochen glücklich. Die Seelenverwandten interessierten sich gleichermaßen für Kunst, Theater und Musik. Zusammen mit den späteren Königen Friedrich Wilhelm IV. und Wilhelm I. nahmen sie Zeichenstunden beim Hofmaler Heusinger, einem Erzieher der Prinzen. Einen Dämpfer erhielt die Beziehung des Paares 1820 nach der Geburt des ältesten Sohnes Alexander, nach der die Prinzessin geschwächt unter einer Depression litt. Nach einer Kur vor den Toren Berlins folgte sie ihrem Gemahl nach Düsseldorf, der dort vom König als Kommandeur einer preußischen Division im Rheinland eingesetzt wurde.

Als die »Königliche Hoheit Prinzessin Friedrich von Preußen« 1821 das erste Mal den Balkon des Schlosses Jägerhof betrat, flogen ihr die Sympathien der Düsseldorfer zu. Mit dem Einzug der Familie des Prinzen Friedrich fühlte sich die ganze Stadt wieder als Residenz. Die Herrschaften quartierten sich im Jägerhof ein, da das Schloss am Rhein in marodem Zustand war. Doch auch Schloss Jägerhof erwies sich als schlecht gepflegt, zugig und zu klein. Nach einer Generalüberholung wurden bis 1828 noch zwei Flügelbauten nach Plänen des Stadtbaumeisters Adolph von Vagedes ergänzt, die für das Dutzend Höflinge und die Dienerschaft eingerichtet wurden. So kam der zweite Sohn Prinz Georg 1826 auf einer »Baustelle« zur Welt.

In den ersten Düsseldorfer Jahren pflegte das Prinzenpaar viele Kontakte zur Künstlerschaft. Akademiedirektor Schadow und Professor Hildebrandt porträtierten die Familie. Mendelssohn-Bartholdy stand als Musikdirektor auf der Gästeliste zum Ball des Prinzen,

»Alles, was Sie mir über das Ölmalen geschrieben, hat mich interessiert, so auch den Prinzen, ich würde wohl wünschen, einen Versuch darin zu machen …«

Wilhelmine Luise an Johann Heusinger

die Prinzessin gab im Jägerhof die Heilige Elisabeth in einem von Schadow inszenierten Lebenden Bild. Die Sommermonate verbrachte die Familie gern auf ihrer Burg Rheinstein bei Bingen oder im Schloss Benrath, in das jedoch das nötige Mobiliar aus dem Jägerhof überführt werden musste. Seit dem Ende der Dreißigerjahre hielt die »Prinzessin Friedrich« zusammen mit ihren Hofdamen Malzirkel in Benrath ab, wo Friedrich Heunert als neuer Zeichenlehrer sowie der Landschaftsmaler Caspar Scheuren häufig zu Gast waren.

1840 übernahm mit König Friedrich Wilhelm IV. ein Kunstliebhaber das Zepter in Preußen. Er ließ das Benrather Schloss restaurieren und quartierte sich in den Folgejahren zu den Herbstmanövern in seinem »rheinischen Sanssouci« ein. Der Familie des Prinzen stand die Anlage deshalb nicht mehr zur Nutzung zur Verfügung. Mit dem Erbe ihres Vaters konnte Wilhelmine Luise 1843 stattdessen Schloss Eller als neuen Sommersitz erwerben. Obwohl der Prinz zu dieser Zeit als Festungsgouverneur häufig in Luxemburg weilte, genoss das Paar in der Düsseldorfer Bevölkerung höchste Popularität. 1846 wurden sie anlässlich des fünfundzwanzigsten Jubiläums ihres Düsseldorf-Einzugs begeistert gefeiert.

Nur zwei Jahre später, im Zuge der Märzrevolution, wendete sich jedoch das Blatt. Nach dem Kölner Dombaufest besuchte der König seinen Vetter und wurde auf dem Weg zum Jägerhof an der damaligen Kastanienallee mit Pferdeäpfeln beworfen. Nach diesem Eklat wurde Prinz Friedrich nach Berlin zurückbeordert, Wilhelmine Luise flüchtete vor den »revolutionären Horden« nach Eller. Ihr labiler Gesundheitszustand verschlechterte sich, wie ihre Mutter litt sie nun unter einer »Gemütskrankheit«. Deshalb unterzog sich die Prinzessin zunächst in Kiel einer Therapie, ab 1852 erfreute sie sich wieder besserer Gesundheit.

Friedrich Wilhelm IV. hatte sich mit Düsseldorf wieder ausgesöhnt, sodass er in Begleitung seiner früheren Düsseldorfer »Statthalter« 1852 und 1855 die Stadt unter anderem zum Niederrheinischen Musikfest besuchte. Beim zweiten Aufenthalt am Rhein erlitt Wilhelmine Luise einen Rückfall. Da sie die Strapazen des Reisens nicht mehr auf sich nehmen konnte, quartierte sie sich dauerhaft in ihrem Sommersitz in Eller ein. Kaiserswerther Diakonissen übernahmen ihre Pflege. Aus ihrer Erbschaft hatte sie Theodor Fliedner in den Dreißigerjahren beträchtliche Summen für dessen Diakonische Anstalten gegeben.

Mit Ausbruch ihrer Krankheit hatte Wilhelmine Luise den Zeichenstift aus der Hand gelegt. Stattdessen widmete sie sich jetzt lieber der Pflege ihres Gartens und besuchte den Gottesdienst der reformierten Urdenbacher Kirche, welche sie wie die Neanderkirche in der Altstadt mit Abendmahlsgerätschaften bedacht hatte. Den gemeinsamen Geburtstag – auch Friedrich war an einem dreißigsten Oktober geboren worden – feierte das Paar alljährlich in Düsseldorf, wozu der Gemahl mit den beiden Söhnen aus Berlin anreiste. Nach einem Schlaganfall 1859 konnte Prinz Friedrich die preußische Hauptstadt nicht mehr verlassen, wo er 1863 starb. Die Prinzessin lebte noch bis 1882 zurückgezogen in Eller. Ihr jüngster Sohn Prinz Georg hielt als Protektor des heutigen Stadtmuseums auch nach dem Tod seiner Mutter die Verbindung zu seiner Heimatstadt aufrecht.

»Einige Monate incognito in einem fremden Land zu leben wäre für mich eine große Erleichterung bei meinem Gesundheitszustande … lieber möchte ich vieles andere entbehren als immer so leidend bleiben …«

Quellen:

Margitta Dobrileit: Wilhelmine Luise von Preußen. Düsseldorf 2013.
Bettina Fügemann: Prinzessin Wilhelmine Luise von Anhalt-Bernburg (1799–1882). Biografische Skizzen 1. Dessau 2009.
Karl Bernd Heppe: Unser Eller. Vom Rittersitz zum Stadtteil. Düsseldorf 1984.
Johann Heusinger: Texte und Werke. Hg. von Lutz Heusinger. Marburg 2012.
Wilhelm von Kügelgen: Jugenderinnerungen eines alten Mannes. Hg. von Philipp von Nathusius. Berlin 1870.
Inge Zacher: Wilhelmine Luise von Preußen (1799–1882) – eine fürstliche Malerin des 19. Jahrhunderts. Ausstellungskatalog Stadtmuseum Düsseldorf. Düsseldorf 1998.
Inge Zacher: Wilhelmine Luise von Anhalt-Bernburg (1799–1882). Prinzessin Friedrich von Preußen. In Düsseldorfer Jahrbuch 71 (2000), S. 27–56.

FRIEDERIKE FLIEDNER

25.01.1800–22.04.1842

Düsseldorfer Adressen: Düsselthal, Rettungsanstalt für Waisenkinder, Graf-Recke-Straße; Pempelfort, Villa Pempelfort (heute Malkasten), Jacobistraße 6; Kaiserswerth, Evangelisches Pfarrhaus, Fliednerstraße 1
In Düsseldorf von 1826 bis 1842

Fromm und pflichtbewusst – die Mutter der Diakonie

Fast auf den Tag genau vierzehn Jahre lang war das Kaiserswerther Pfarrhaus das Zuhause Friederike Fliedners. Elf Kinder brachte sie dort zur Welt, von denen jedoch nur drei groß werden durften. Spuren hinterlassen hat die »Vielbeladene« besonders als erste Vorsteherin der Diakonie. Die karitativen Anstalten Theodor Fliedners ermöglichten unverheirateten Frauen einen selbstbestimmten Weg in einen Beruf. Als ausgebildete Krankenpflegerinnen und Erzieherinnen erreichten sie gesellschaftliche Anerkennung. Friederike Fliedner stand dem Kaiserswerther Pfarrer als Beraterin und als seine zuverlässige, zupackende »Statthalterin« zur Seite, welche die Ideale ihres Mannes mit Leben erfüllte.

Die Wege des evangelischen Pastors und der im hessischen Braunfeld geborenen Erzieherin hatten sich 1828 gekreuzt. Nach dem frühen Tod der Mutter hatte

»Die Vorsteherin hat ein sehr schweres Amt. Sie steht im Mittel zwischen Anstalt und Vorstand. Sie muß die volle Liebe der Pflegerinnen und das volle Zutrauen des Vorstands haben, aber keine knechtische Furcht. Sie befehle wenig und arbeite viel.«

die damals sechzehnjährige Friederike zunächst den Haushalt des Vaters geführt und die jüngeren Geschwister aufgezogen, bis diese flügge wurden. Dann fand die mittlerweile Sechsundzwanzigjährige eine neue Aufgabe in der Rettungsanstalt für verwahrloste Kinder des Grafen von der Recke-Volmerstein in Düsselthal. Zur selben Zeit suchte Theodor Fliedner als Vorstand des Rheinisch-Westfälischen Gefängnisvereins eine Lehrerin für weibliche Sträflinge im Düsseldorfer Gefängnis. Auf Empfehlung machte er sich auf den Weg nach Düsselthal und meinte schnell, statt einer Angestellten in Friederike die passende Frau gefunden zu haben.

Trotz gegenseitiger Sympathie – romantisch mutet Theodor Fliedners Werben um Friederike Münster nicht gerade an. In seinem Antragsbrief aus dem Januar 1828 offenbarte er ihr seine Erwartungen an die zukünftige Frau an seiner Seite: Gottesfürchtig, pflichtbewusst und dem Hausherrn untertan sollte sie sein. Bisher hatte sich Friederike mehr um das Wohl anderer als um die Gründung einer eigenen Familie gekümmert. Obwohl sie schon nicht mehr ganz jung war und fürchtete, seine Erwartungen gar nicht erfüllen zu können, nahm sie nach zwei Tagen Bedenkzeit Fliedners »Stellenangebot« an.

Im Februar, bereits als Braut, verließ sie nach knapp zwei Jahren schweren Herzens die Düsselthaler Anstalten, nachdem es dort wegen Missmanagement-Vorwürfen zu Differenzen zwischen Leitung und Personal gekommen war. Bis zur Hochzeit nahm die Familie Jacobi sie als Haushälterin und Gesellschafterin bei sich auf. Auf deren Gut in Pempelfort kam sie nach der anstrengenden Arbeit bei den Waisenkindern sowie einer durchgestandenen längeren Krankheit wieder zu Kräf-

»Auch du, mein lieber Fliedner, beschäftigtest mich, daß ich mich sehr nach dir sehnte. Die Gnade schenkte mir der Herr, daß ich in Kaiserswerth deine Abwesenheit von Haus auch unter schwierigen Verhältnissen ertragen lernte ...«

ten. Statt einer möglichen Lebensstellung fand Friederike Fliedner in der fast gleich alten Jacobi-Tochter Amalie eine Freundin fürs Leben.

Im April 1828 tauschten Theodor und Friederike die Ringe und die neue Pastorenfrau zog im Pfarrhaus in Kaiserswerth ein. Von trauter Zweisamkeit oder der Erfüllung eigener Wünsche konnte jedoch auch weiterhin keine Rede sein. Friederike opferte sich für das Lebenswerk ihres Mannes auf, der als »Manager« seiner sozialen Einrichtungen selbst häufig auf Dienstreise zu Förderern und Geldgebern war. Auf seinen Kollektenreisen gönnte er sich keine Muße, hetzte von Ort zu Ort und vergaß darüber, den Daheimgebliebenen ein Lebenszeichen zu senden. Während seiner Abwesenheit lastete neben den Alltagsgeschäften in Familie, Haus und Garten die Organisation der karitativen Arbeit allein auf Friederikes Schultern.

Die Verantwortung, die Friederike Fliedner zu tragen hatte, wuchs im gleichen Maße wie die sich stetig vergrößernden Anstalten. Als erste neue Einrichtung nahm das Asyl für entlassene weibliche Strafgefangene den Be-

trieb auf, mangels eines besseren Ortes zunächst provisorisch im Fliedner'schen Gartenhaus. Friederike unterstützte dieses »Werk der Gläubigen Frauen für die verirrten Frauen«, die als wieder »taugliche« Geschöpfe in die Gesellschaft integriert werden sollten. 1836 musste das Gartenhaus nochmals als Provisorium herhalten, als die neue Kleinkinderschule ins Leben gerufen wurde. Kindergarten und Asyl wurden wichtige Ausbildungsstätten für Fliedners Stiftung.

Mit dem Erwerb der Häuser des Seidenfabrikanten Petersen schlug Ende 1836 die Geburtsstunde der Diakonie mit Schwerpunkten in der Krankenpflege und Erziehung. Da die Suche nach einer Vorsteherin für das neu gegründete Diakonissenhaus scheiterte, weil keine der Kandidatinnen die hohen Erwartungen erfüllen konnte, bürdete sich Friederike Fliedner auch noch dieses Amt auf. Sorgen bereiteten ihr manche der auszubildenden Frauen, die sich nicht immer als charakterfest genug für ihre zukünftigen Aufgaben erwiesen. Schließlich hatte Theodor Fliedner strenge Regeln aufgestellt, welche die Diakonissen zu Ehelosigkeit, Gehorsam und einem einfachen Leben verpflichteten und als Dienstkleidung ein blaues Kleid mit weißem Kragen und eine weiße Haube vorsahen. Die Haube sollte sie verheirateten Bürgersfrauen gleichstellen, ihnen Respekt verschaffen und so die Arbeit erleichtern. Die ersten als selbstständige Krankenpflegerinnen ausgesandten Diakonissen machten ihre Sache dann so gut, dass sich der Ruf der Anstalten stetig verbesserte und die Nachfrage nach den professionellen Kräften zunächst gar nicht befriedigt werden konnte.

Mit der zunehmenden Aussendung von Diakonissen

*»Ich bin ruhig, obgleich ich viel weine.
Ich gönne meinen Kindern all ihr Glück.
Ich weiß sie in des Heilands Armen.
Auch habe ich Ursache, dem
Herrn zu danken, für die drei,
die er uns gab und ließ.«*

ab 1838 ging nun auch Friederike Fliedner selbst häufiger auf Reisen, um als Vorsteherin die ihr Anvertrauten zu den Außenstellen zu begleiten. Da es einige Zeit in Anspruch nahm, bis vor Ort alles geregelt war, musste sich die inzwischen mehrfache Mutter oft für Wochen von ihren Kindern trennen. Besonders schwer fiel ihr das – selbst körperlich geschwächt – ab 1840, als Kaiserswerth eine Typhuswelle ereilte. Damals erkrankte ihre Schwester Luise, die Friederike während der Schwangerschaft und des Wochenbetts oft im Haushalt entlastet hatte. Ein Jahr später war die Epidemie noch nicht verebbt, nun wurden auch Theodor Fliedner und die älteste Tochter Luise ans Bett gefesselt.

Ihr Mann und die Älteste waren kaum wieder genesen, als die Krankheit auch bei den Töchtern Simonette und Johanna ausbrach, nur die Tochter Mina und das Nesthäkchen Georg blieben verschont. Als sich die Kinder auf dem Weg der Besserung befanden, reiste Friederike Fliedner Ende Oktober 1841 mit vier Diakonissen nach Süddeutschland, um sie dort in ihre Aufgaben in den Hospitälern einzuweisen. Währenddessen ver-

schlechterte sich der Zustand der Mädchen wieder. Theodor Fliedner holte seine Frau gerade noch rechtzeitig zur Beerdigung der neunjährigen Simonette zurück, zwei Wochen später folgte ihr die kleine Johanna ins Grab. Die beiden Kinderbettchen standen nicht lange leer, im März 1842 fanden zwei verwaiste Mädchen eine neue Heimstatt im Pfarrhaus.

Bereits sechs Wochen später, einen Tag nach Luises zwölftem Geburtstag, schloss Friederike Fliedner nach einer Frühgeburt für immer ihre Augen. Bei ihren früh verstorbenen Kindern fand Theodor Fliedners »Riekchen« auf dem kleinen evangelischen Friedhof Kaiserswerths die letzte Ruhestätte. Ihren Grabstein zieren dreizehn Sterne für die elf eigenen und die zwei adoptierten Kinder.

Quellen:

Anna Sticker: Friederike Fliedner und die Anfänge der Frauendiakonie. Ein Quellenbuch. Neukirchen-Vluyn 1961.

Anna Sticker: »... und doch möchte ich nur meinem Sinn folgen ...« Friederike Fliedner, Stifterin der Kaiserswerther Diakonissenanstalt. Offenbach 1986.

Anna Sticker: Theodor und Friederike Fliedner. Wuppertal, Zürich 1989.

Ruth Felgentreff: Armut der Gemeinde als Anstoß weltweiten Wirkens. Zum 200. Geburtstag von Theodor und Friederike Fliedner. In: Heimat-Jahrbuch Wittlaer 22 (2001), S. 106–123.

SOPHIE VON HATZFELDT

10.08.1805–25.01.1881

Düsseldorfer Adressen: Kalkum, Schloss, Oberdorfstraße 10; Carlstadt, Hatzfeld'scher Hof, Berger Straße 26–28; Pempelfort, Jägerhofstraße 7; Unterbilk, Friedrichstraße 41
In Düsseldorf von 1822 bis 1857

Die »Rote Gräfin«

Glaubt man einer zeitgenössischen Karikatur, müssen sie in den Düsseldorfer Straßen ein seltsames Bild abgegeben haben: die selbstbewusste Matrone und ihr zierlicher, zwanzig Jahre jüngerer »Held«. Anfang 1846 waren sich die beiden in Berlin begegnet und der junge Philosoph Ferdinand Lassalle fühlte sich aus dem Stand zum Ritter der unglücklichen Gräfin berufen. Er arbeitete sich in juristische Kniffe ein und stritt jahrelang an sechs Gerichten für ihre Rechte.

Die Tragödie der Sophie von Hatzfeldt begann an ihrem siebzehnten Geburtstag, an dem sie mit ihrem sechs Jahre älteren Vetter, dem Grafen Edmund von Hatzfeldt, verheiratet wurde. Ihr Vater, Mitglied des fürstlich-hatzfeldtschen Geschlechts, hatte diese Verbindung mit dem niederen, aber begüterten Familienzweig eingefädelt, um Besitzstreitigkeiten beizulegen. Dem Grafen Edmund kam die Heirat mit seiner jungen, vermeintlich naiven Cousine gelegen, konnte sie ihm doch als Deckmäntelchen für seine Liaison mit der Gräfin von Nesselrode dienen. Diese richtete sich bereits am Tag nach der Hochzeit auf Schloss Kalkum häuslich ein. Beide Damen bewohnten Nachbargemächer, sodass der Hausherr zur Erbauung bequem zwischen Hauspersonal,

»Ich habe alles verlassen, um dem Volke zu dienen, und ich bin eine Proletarierin wie ihr.«

Mätresse und Ehefrau wählen konnte. Letztere brachte 1825 tatsächlich den Stammhalter Alfred zur Welt, 1828 wurde Tochter Melanie geboren, 1831 folgte noch das Nesthäkchen Paul, der Lieblingssohn der Gräfin.

Bereits 1830 hatte sie den Wunsch geäußert, sich scheiden zu lassen, doch ihre Brüder verweigerten ihr jede Unterstützung. Permanent gedemütigt, zwischenzeitlich ohne Kontakt zu den Kindern und zur Außenwelt, konnte sie auch bei der übrigen Verwandtschaft nicht mit Beistand rechnen. Ihr Clan opferte sie aus Angst vor öffentlicher Blamage und drängte sie mehrmals zu Aussöhnungsversuchen. Je auswegloser diese Manöver wurden, desto erbitterter stritten die Parteien um die Kinder und schreckten auch vor Entführungen nicht zurück.

Nachdem der Graf 1846 seinem Jüngsten gedroht hatte, ihm bei weiterem Umgang mit der Mutter den Unterhalt zu entziehen, schlug die Stunde des einundzwanzigjährigen Lassalle. Nicht ganz uneigennützig – so scheint es – siedelte er nach Düsseldorf über und bot ihr die Prozessführung gegen den Ehemann an. Dies gab ihm die Gelegenheit, in dem viel beachteten Rechtsstreit öffentlich Verstand und Zunge zu trainieren und sich dabei im Glanz seiner ranghöheren Schutzbefohlenen zu sonnen. Für sie wurde er zum eifrigen »Kassettendieb«, um für den Prozess der Gräfin Beweise der Erpressung des jüngsten Sohnes durch den Vater zu sichern. Doch der Nochgatte kam ihr zuvor und reichte im Frühjahr 1847 die Scheidungsklage ein. Lassalle brachte seine Geschütze in Stellung und erwiderte ein halbes Jahr später mit einer Gegenklage. Im Revolutionsjahr 1848 stilisierten die Volksmassen die »Nestbeschmutzerin« zur Märtyrerin und ihren Verteidiger zu einem Robin Hood.

»Glauben Sie mir sicher, liebes Kind, wenn ich auch noch so viel über Ihre Fehler im täglichen Leben klage, so ist doch niemand, der Ihren großen Eigenschaften mehr Gerechtigkeit widerfahren läßt als ich und stolzer darauf ist als ich.«

Als dieser – für den »Kassettendiebstahl« inhaftiert – im August wieder auf freien Fuß gesetzt wurde, zog er mit Sophie im Triumph zur gemeinsamen Wohnung am Hofgarten.

Der Rechtsbeistand Lassalle entwickelte sich mehr und mehr zum Politiker. Als einer der führenden Köpfe der revolutionären Bewegung kam er Ende des Jahres wieder ins Gefängnis. Da Sophie ihrem »Ersatzsohn« nicht mehr von der Seite wich und seine Ideen übernahm, kam sie selbst in Haft. Diese Entwicklung brachte den Prozess ins Stocken, Sophie kassierte 1850 ein Schuldurteil. Lassalle gab sich jedoch nicht geschlagen und erreichte für seine »beste Freundin« vier Jahre später einen Vergleich, der ihre finanzielle Unabhängigkeit sicherte.

Drei weitere Jahre lebte das ungewöhnliche Paar unter einem Dach in Düsseldorf. Mit seinem Umzug nach Berlin versuchte sich Lassalle dann von seiner Freundin zu emanzipieren, die ihm mit mütterlichen Ratschlägen zunehmend lästig wurde. Sophie litt anfangs sehr unter der Trennung: »Seit vier Monaten habe ich mein Zimmer viermal verlassen, um in einer Droschke die not-

wendigsten Dinge zu verrichten; ich brauche keine Luft mehr, ich kann nicht mehr essen, ernähre mich durch eine Flasche Bier, gehe jeden Tag um 5 Uhr morgens schlafen, weil ich nur noch in der Nacht die Nervenkraft habe zu schreiben.« Da beide sich jedoch gegenseitig zum Dank verpflichtet sahen, versöhnten sie sich in langen Briefen immer wieder und Lassalle zog die Gräfin weiterhin in allen Lebenslagen zurate. In der Folgezeit publizierte er zu sozialpolitischen Themen, was schließlich 1863 in die Gründung des Allgemeinen Deutschen Arbeitervereins mündete. Als einer der Urväter der heutigen SPD entwickelte er sich vom regional populären Verteidiger der Gräfin zu einer Schlüsselfigur der gesamtdeutschen Politik im neunzehnten Jahrhundert.

Als der heiratswillige Lassalle 1864 beim Vater seiner Angebeteten auf strikte Ablehnung stieß und diesen kurzerhand zum Duell forderte, eilte wiederum seine ältere Freundin an seine Seite, er starb in ihren Armen. Sophie von Hatzfeld betrachtete sich nun ihrerseits als seine »Anwältin«, gab seine nachgelassenen Schriften heraus und versuchte auch in der Folgezeit, Lassalles Vermächtnis zu schützen, von Gesinnungsgenossen oft belächelt und ausgebootet. Sie akzeptierten die emanzi-

»Mein Charakter war von jeher sehr weich,
… aber … jahrelange Kämpfe,
wo ich den Mut und die Tragkraft
eines Mannes entwickeln musste, …
haben mich hart gehämmert …«

pierte Frau lediglich als Mäzenin und Steigbügelhalterin eigener Karrieren. Eine politische Führungsrolle gestanden sie ihr nicht zu – die Zeit war noch nicht reif für eine Berufspolitikerin.

Quellen:
Helmut Hirsch: Sophie von Hatzfeldt. In Selbstzeugnissen, Zeit- und Bilddokumenten dargestellt. Düsseldorf 1981.
Christiane Kling-Mathey: Gräfin Hatzfeldt. 1805 bis 1881. Eine Biographie. Bonn 1989.
Christiane Kling-Mathey: Revolution und Reaktion. Die Düsseldorfer Jahre der Gräfin Sophie von Hatzfeld. In: Ariane Neuhaus-Koch (Hg.): Der eigene Blick. Frauengeschichte und -kultur in Düsseldorf. Neuss 1989, S. 53–62.
Gustav Mayer (Hg.): Ferdinand Lassalle. Nachgelassene Briefe und Schriften, Band 4: Lassalles Briefwechsel mit Gräfin Sophie von Hatzfeldt. Osnabrück 1924.

CLARA SCHUMANN

13.09.1819–20.05.1896

Düsseldorfer Adresse: Stadtmitte, Alleestraße 728 (heute Heinrich-Heine-Allee 44); Stadtmitte, Kastanienallee 252 (heute Königsallee 46); Friedrichstadt, Herzogstraße; Carlstadt, Bilker Straße 1032 (heute Nr. 15); Carlstadt, Poststraße/Ecke Haroldstraße
In Düsseldorf von 1850 bis 1857

Könnerin am Klavier

Als Clara und Robert Schumann 1850 den Reisewagen in Düsseldorf verließen, ahnten sie nicht, dass dies ihre letzte gemeinsame Station sein würde. Nach langem Zaudern hatte Robert Schumann den Posten des Musikdirektors am Rhein angenommen. Seine erste feste Stelle beflügelte ihn als Komponisten, überforderte ihn aber als Orchesterchef, was sicher zu einem Fortschreiten seiner psychischen Erkrankung beitrug.

Kennengelernt hatte sich das Musikerpaar in Leipzig. Am Neumarkt, unweit der Leipziger Universität, stand Claras Wiege. 1824 ging die Ehe der Eltern, des Klavierhändlers und Musiklehrers Friedrich Wieck und der Pianistin und Sängerin Mariane Tromlitz, in die Brüche. Nach der Scheidung verbrachte Clara zunächst mit der Mutter zusammen ein halbes Jahr bei den Großeltern in Plauen, musste dann aber nach Dresden zum Vater zurückkehren, weil es das sächsische Recht so verlangte. Er unterwies bereits die Fünfjährige am Klavier. Mit neun Jahren debütierte das »Wunderkind« im renommierten Leipziger Gewandhaus, dem ersten festen Sitz eines bürgerlichen Orchesters in Deutschland. Im selben Jahr begegneten sich Clara und Robert das erste Mal, der neun Jahre Ältere, der im August 1828 erstmals zum Klavierunterricht bei Friedrich Wieck erschien, zog jedoch bald nach Heidelberg, um dort das ungeliebte Studium der Rechtswissenschaft fortzusetzen. 1830 kehrte Robert Schumann der Juristerei den Rücken und entschied sich

für eine Musikerkarriere. Zurück in Leipzig, quartierte er sich im Hause Wieck ein, um sich zum Konzertpianisten und in der Komposition ausbilden zu lassen.

Auch Clara vervollkommnete ihr Können auf der Klaviatur. 1832 wagte der Vater mit der Dreizehnjährigen eine erste Tournee ins Ausland, bei der »sein bestes Pferd im Stall« die Konzertsäle der Seine-Metropole eroberte. Auch die folgenden Jahre wurden bestimmt durch Klavierstunden und Konzertpläne. So ist es nicht verwunderlich, dass Friedrich Wieck wenig begeistert über die wachsende Zuneigung seiner Tochter zu Robert Schumann war. Nach anderthalbjährigem »Umgangsverbot« verlobte sich das junge Paar zu Claras achtzehntem Geburtstag heimlich. 1840 erstritten sie vor Gericht gegen den Willen Wiecks das Recht zu heiraten.

Doch der Ehealltag – zunächst in Leipzig, später in Dresden – entpuppte sich für Clara als weniger romantisch als erträumt. An Stelle des Vaters hatte nun der Ehemann konkrete Vorstellungen von Claras künstlerischer Arbeit. Er hielt sie zu eigenen Kompositionen an, sah ihre Position jedoch an seiner Seite und versuchte ihre Konzerttätigkeit einzuschränken. Ausgiebige Tourneen ver-

»Zu meinem 8chten Geburtstag bin ich auch beschenkt worden. Von meiner guter Vater chab ich ein Wunderschönes Kleid bekommen … Auch spilte ich ein Concert aus Es dur von Mozart … Es ging recht gut und ich hab gar nicht gestokt …«

»Mein Klavierspiel kommt wieder ganz hinten an, was immer der Fall ist, wenn Robert komponiert. Nicht ein Stündchen vom ganzen Tag findet sich dann für mich. Wenn ich nur nicht gar zu sehr zurückfalle!«

boten sich eigentlich allein schon deswegen, weil der Musikerhaushalt mit der Geburt der Töchter Marie und Elise zur Familie angewachsen war. Trotzdem ging das Paar 1844 auf eine fünfmonatige Konzertreise nach Russland, die zumindest für Clara sehr erfolgreich war.

Nachdem sich weder in Dresden noch in Leipzig oder Wien Roberts Ambitionen auf eine Orchesterleitung erfüllt hatten, siedelte die mittlerweile siebenköpfige Familie 1850 ins Rheinland um. Die eilig in der Alleestraße (heute Heinrich-Heine-Allee) angemietete Wohnung wurde bei nächster Gelegenheit für eine komfortablere Bleibe an der Kastanienallee (heute Königsallee) aufgegeben. Doch bald waren die Schumanns gezwungen, den Entstehungsort der *Rheinischen Symphonie* wieder aufzugeben. Als Notquartier wurde eine Wohnung in der »Wallachei«, an der neu entstandenen Herzogstraße bezogen. 1852 konnte die Familie ins Stadtzentrum zurückkehren, als sie ein ansprechendes neues Domizil in der Bilker Straße fand. Dort hatte Clara endlich wieder Platz, um ungestört zu probieren und auch wieder zu komponieren.

Für Clara Schumann waren die Düsseldorfer Jahre

mit einigen Einschnitten verbunden. Trotz eines wachsenden Freundeskreises im Umfeld der Kunstakademie und des Orchesters wurde Clara mit der rheinischen Mentalität und Sprache nicht recht warm. Dass die hiesige Musikwelt sie als Anhängsel des Musikdirektors betrachtete und ihre Konzerte als kostenlose Zugabe für selbstverständlich erachtete, kränkte sie sehr. Ihr Tätigkeitsradius blieb eingeschränkt. Durch zwei weitere Schwangerschaften und Roberts zunehmende psychische Erkrankung, die von den Zeitgenossen als »Melancholie mit Wahn« beschrieben wurde, waren große Tourneen kaum möglich, sodass die Pianistin mit Klavierstunden zum Unterhalt des großen Haushaltes beitragen musste. Zudem begleitete sie ihren Mann regelmäßig zu den Proben, um ihn gegen aufkeimende Ressentiments des »Laienorchesters« zu stärken.

Von den wachsenden Problemen Roberts als Orchesterleiter lenkte 1853 ein Besuch ab, der die Eheleute gleichermaßen für sich einnahm: Johannes Brahms. Der junge Musiker aus Hamburg wurde für Clara zu einem wichtigen Freund. In der Zeit nach Roberts Selbstmordversuch – er hatte sich am 27. Februar 1854 von der Schiffbrücke nach Oberkassel in den Rhein gestürzt – und seiner Einweisung in die Klinik in Endenich blieb er an ihrer Seite. Im Sommer 1854 kam der jüngste Schumann-Spross Felix auf die Welt, von dessen Gedichten Brahms später einige vertonen sollte. Bald darauf bezog die Familie nochmals eine neue Adresse. In der Nachbarwohnung an der Poststraße quartierte sich Johannes Brahms ein, was ihm den ewigen Ruf des jugendlichen Liebhabers der berühmten Pianistin einbrachte. Weiter genährt wurden die Gerüchte, als Robert Schumann 1856 in Endenich verstarb, den Clara auf Anraten der Ärzte bis zwei Tage vor seinem Tod nicht mehr gesehen hatte.

1857 trennten sich die Wege von Clara Schumann und Johannes Brahms, sie blieben jedoch zeitlebens durch Briefe verbunden. Clara siedelte nach Berlin über. In den folgenden Jahren reiste sie auf ausgedehnten Konzerttourneen durch ganz Europa, um die teils kränkelnden Kinder, später auch die Enkel versorgt zu wissen. Mehr als dreizehnhundert Konzerte hat die Klaviervirtuosin im Laufe ihres Lebens gegeben und so maßgeblich zur Herausbildung eines modernen Repertoires beigetragen. In ihren letzten Jahren wirkte sie als erste und einzige Dozentin am Frankfurter Konservatorium. Clara Schumann starb 1896 und wurde an der Seite ihres Mannes in Bonn begraben.

»Er lächelte mich an und schlang mit großer Anstrengung … seinen Arm um mich … Mein Robert, so mußten wir uns wiedersehen, wie mühsam mußte ich mir Deine geliebten Züge hervorsuchen; welch ein Schmerzensanblick!«

Quellen:
Veronica Beci: Robert & Clara Schumann. Musik und Leidenschaft – Biographie. Düsseldorf 2006.
Ingrid Bodsch und Gerd Nauhaus (Hg.): Clara Schumann 1819–1896. Katalog Stadtmuseum Bonn. Bonn 1996.
Paul Kast: Schumanns rheinische Jahre. Düsseldorf 1981.
Berthold Litzmann: Clara Schumann. Ein Künstlerleben. Nach Tagebüchern und Briefen. 3 Bände. Leipzig 1902–1908.
Robert-Schumann-Gesellschaft e.V. Düsseldorf (www.schumann-gesellschaft.de).

STEPHANIE VON PORTUGAL

15.07.1837–17.07.1859

Düsseldorfer Adresse: Pempelfort, Schloss Jägerhof, Jacobistraße 2
In Düsseldorf von 1852 bis 1858

Engel der Armen von Düsseldorf und Lissabon

Nur wenige Jahre, nachdem die Prinzessin Friedrich mit ihrer Familie während der Düsseldorfer Unruhen in der Märzrevolution fluchtartig den Jägerhof verlassen hatte, kam neues Leben in das barocke Haus. Carl Anton von Hohenzollern-Sigmaringen aus der katholischen Nebenlinie der Krone übernahm ab 1852 ein Regiment im Rheinland. Dafür zog er mit Frau und sechs Kindern vom Donautal an die Düssel und ließ zur Freude der Stadt die kleine Hofhaltung wieder aufleben. Als Förderer des kulturellen Lebens wurde der Fürst später zum Ehrenbürger Düsseldorfs ernannt. Doch in puncto Beliebtheit stahl ihm zunächst seine älteste Tochter die Show. Bevor sie nach Lissabon auszog, um Königin der Portugiesen zu werden, lag ihr wegen ihres Liebreizes und ihrer Barmherzigkeit ganz Düsseldorf zu Füßen.

Mit fünfzehn Jahren hatte Stephanie von Hohenzollern ihre Kinderstube im Schloss Krauchenwies bei Sigmaringen zurückgelassen. Kaum in Düsseldorf eingerichtet, mühte sich ihr Vater, ihrer Ausbildung den letzten Schliff zu geben. An der Akademie engagierte er den Malereiprofessor Heinrich Mücke, um die baldige Heiratskandidatin im Zeichnen zu unterweisen. Für ihren Unterricht am Klavier kam eigens Pianistin Clara Schumann ins Schloss Jägerhof. Da die Prinzessin streng im katholischen Glauben erzogen worden war, fühlte sie sich zu den Nonnen des Ursulinen- und den Cellitinnenordens in der Altstadt besonders hingezogen. Außer-

dem sah man sie jeden Tag vom Schloss in das benachbarte Rochuskapellchen zum Gebet gehen.

Mehr noch als für die schöngeistige Beschäftigung interessierte sich die Prinzessin für die Menschen in ihrer neuen Heimat. Die Aufstände 1848/49 hatten für die Armen der Stadt keine Besserung gebracht, viele konnten sich mit redlicher Arbeit nur mühsam über Wasser halten. Schickte die Mutter Josephine von Baden sich an, karitative Einrichtungen aufzusuchen, wich Stephanie nicht von ihrer Seite. Bald schon schlich sie manchen Abend inkognito aus dem Schloss, um als barmherzige Samariterin den besonders Bedürftigen Speisen, Kleidung oder Medizin zu bringen. Regelmäßig schaute sie persönlich bei ihren Schützlingen vorbei, um sich nach deren Befinden zu erkundigen und zu trösten. Besonders für die Gabe, auf andere zuzugehen und sich in sie hineinzufühlen, wurde das fromme Mädchen verehrt.

»Stephanie hat einen sehr guten Eindruck gemacht; mir war sie zu schüchtern«, berichtete Carl Anton Anfang 1858 an die Seinen aus London, wo er am englischen Hof seine Tochter als Braut des jungen portugiesischen Königs Pedro V. vorstellte. Keine Geringeren als dessen Großtante und Großonkel, Queen Victoria und Prinzgemahl Albert, hatten im Hintergrund die Fäden gezogen. Der Vater Don Pedros stammte wie das britische Königspaar aus dem Haus Sachsen-Coburg. Deshalb kam eine deutsche Braut in Betracht, die jedoch katholisch sein musste. Für die Queen war Stephanie die ideale Kandidatin, um eine Verbindung mit Habsburg zu verhindern.

Das Bemühen der englischen Krone um seine Tochter und ihr zukünftiger Rang hatten Carl Anton durchaus imponiert. Doch wurde er auch von Sorgen geplagt bei

»Ich möchte einen großen Wirkungskreis haben und viel Gutes in der Welt thun können.«

dem Gedanken, sein Kind so weit fortziehen zu lassen. Deshalb hatte der Vater ausgiebig Erkundigungen über den gekrönten Bräutigam eingezogen, bevor er nach gut zweijährigen Verhandlungen das Einverständnis zur Eheschließung gab. Die Zeit bis zur Trauung mit dem zwei Jahre älteren, ebenso frommen, aber auch weltgewandten König nutzte die Prinzessin, um sich auf ihre neue Rolle vorzubereiten, sich mit der Sprache vertraut zu machen und sich von Düsseldorf zu verabschieden.

Ende April 1858 reiste Stephanies Familie nach Berlin. Im Beisein des preußischen Königshauses wurde die Ehe am 29. April in der Hedwigskathedrale per procurationem besiegelt. Die Rolle des abwesenden Bräutigams übernahm Prinz Leopold, Stephanies älterer Bruder. Als Königin kehrte sie nun noch einmal nach Düsseldorf zurück, wo ihr am 2. Mai von den Honoratioren der Stadt auf dem Oberkasseler Bahnhof »ein großer Bahnhof« bereitet wurde. Mit Böllern, Glockenläuten und Fanfaren wurde sie durch die Stadt zum Jägerhof geleitet, wo die Sebastianusschützen sie erwarteten.

Zwei Tage später wachte Stephanie das letzte Mal in ihrem Mädchenzimmer im Jägerhof auf. Auf ihrer Abschiedsfahrt durch die Stadt war ganz Düsseldorf auf den Beinen. Die Kutsche fuhr den ganzen Weg vom Hofgarten zur alten Stadt, über die Schiffbrücke bis zum Bahnhof auf der linken Rheinseite durch ein Menschenspalier. Mit ihren Eltern und dem großen Bruder

bestieg die frischgebackene Königin einen Sonderzug gen Westen. Ihrer Mutter sagte sie bereits in Belgien Lebewohl, vom Vater verabschiedete sie sich unter Tränen in England. Nur Prinz Leopold schiffte sich mit ihr in Plymouth ein und begleitete sie auf der Reise in ihre neue Heimat.

Am 17. Mai erreichte die Fregatte Bartolomeu Dias den Tejo und ankerte vor Lissabon. Offiziell bereits verheiratet stand sich das junge Paar an Bord des Schiffes das erste Mal von Angesicht zu Angesicht gegenüber. Am nächsten Tag verließ Dona Estefânia an der Seite des Königs das Schiff. Für die prunkvolle Ehezeremonie in der Kirche São Domingos hatte er ihr ein Diadem geschenkt. Da sie sich an dem Kopfschmuck verletzte, ließ sich Stephanie nach deutscher Tradition einen Brautkranz binden. Mit Entsetzen soll das Volk darin die Totenkränze der vielen durch Cholera und Gelbfieber dahingerafften Lissabonner Mädchen als schlechtes Omen gesehen haben.

Ihrem Volk zeigte sich die junge Königin bei Reisen durch ihr neues Reich. Wie schon in Düsseldorf lenkte sie ihren Blick vor allem auf die Nöte ihrer Untertanen und fand dabei in ihrem Gemahl einen Seelenverwandten. Zusammen versuchten sie die Lage in dem von politischen Unruhen, vielfältigen Missständen und der Cholera gebeutelten Land zu verbessern. Auf Initiative Stephanies wurden Krankenhäuser und Kinderheime gebaut, außerdem trachtete sie danach, das Schulwesen zu reformieren.

Trotzdem wartete das Volk sehnlichst auf einen Thronfolger. Zunehmende Gerüchte über eine Schwangerschaft setzten Stephanie unter Druck. Sie vermisste ihre Familie. Von Heimweh geplagt suchte sie ihre Mutter zu einer Reise an den Lissabonner Hof zu überreden. Trotz ihrer Traurigkeit erfüllte sie weiterhin ihre Repräsentationspflichten und infizierte sich auf einer Reise durch das Land mit Diphtherie. Kurz nach ihrem zweiundzwanzigsten Geburtstag starb sie in Lissabon.

Als Witwer nach nur vierzehn Monaten Ehe erholte sich Don Pedro nie vom Tod seiner »heiligen« Frau. Zwei Jahre später starben er und zwei seiner jüngeren Brüder kurz nacheinander an Typhus. Doch zuvor erfüllte er noch Stephanies letzten Wunsch und ließ in Lissabon eines neues Krankenhaus für Kinder errichten. Bis heute hält das Hospital de Dona Estefânia die Erinnerung an die mildtätige Königin wach. In Düsseldorf schuf der Bildhauer Julius Bayerle eine Porträtbüste, die an ihrem ersten Todestag im früheren botanischen Garten an der Landskrone eingeweiht wurde. Ihr heutiger Standort liegt nahe der auf den Jägerhof ausgerichteten Hofgartenallee (die fälschlicherweise sogenannte Reitallee), auf der am Stephanientag im Mai die Schützenbrüder an den Abschied der Königin aus Düsseldorf erinnern.

Quellen:
Katharina Diez: Stephanie, Königin von Portugal. Lebensbild einer deutschen Fürstentochter aus unserer Zeit. Stuttgart 1864.
Rolf Nagel: Stephanie von Hohenzollern-Sigmaringen – Königin von Portugal. In: Düsseldorfer Jahrbuch 74 (2003), S. 179–192.
Rolf Nagel: Stephanie von Hohenzollern-Sigmaringen, 14 Monate Königin von Portugal. In: Edmund Spohr und Hatto Küffner (Hg.): Düsseldorfer von Welt. Düsseldorf 2004, S. 102–109.
Carlos Quintas: Stefanie in Portugal und ihr Andenken. In: Edmund Spohr und Hatto Küffner (Hg.): Düsseldorfer von Welt. Düsseldorf 2004, S. 110–119.
Carl Vossen: Schloss Jägerhof erzählt. Von Kaisern und Prinzessinnen, Sebastianern, Diplomaten und Künstlern sowie einer denkwürdigen Familie. Düsseldorf 1990.

ELISABETH VON ARDENNE

26.10.1853– 04.02.1952

Düsseldorfer Adresse: Benrath, Ostflügel des Schlosses (heute Gartenkunstmuseum), Benrather Schlossallee 100–106
In Düsseldorf von 1877 bis 1884

Fontanes Effi Briest

Am 27. November 1886 wurde die Berliner Hasenheide zum Schauplatz eines Duells. Als »gehörnter Ehemann« forderte Rittmeister Armand Léon Baron von Ardenne seinen früheren Freund aus Düsseldorfer Tagen, den Amtsrichter Emil Hartwig, auf Pistolen. Hartwig schoss in die Luft, sein Herausforderer zielte und traf zentral. Auch eine Not-OP verhinderte nicht den Tod des Duellanten am 1. Dezember. Der Baron dagegen verließ den Platz erhobenen Hauptes mit wiederhergestellter Ehre, die ihm die Fortsetzung seiner militärischen Karriere nach nur achtzehn Tagen Festungshaft sicherte. Damit war in Berlin der Schlussakkord einer Dreiecksgeschichte verklungen, die Fontane mit vertauschten Rollen zu einem Klassiker der deutschen Literatur formte.

Ihren Ursprung hatte die brisante Liaison am Dreikönigstag 1879 in Düsseldorf, als sich die Ehepaare Ardenne und Hartwig bei einem »Malkastenvergnügen« kennenlernten. Der unglücklich verheiratete Jurist Hartwig verguckte sich dabei so sehr in die zehn Jahre jüngere Freifrau, dass er in der Folge keine Gelegenheit aus-

*»Immerhin mussten wir dankbar sein,
zum alten Vater Rhein in die schöne, lustige
Künstlerstadt Düsseldorf zu kommen.«*

ließ, sie zu treffen. Elisabeth von Ardenne fand an dem extrovertierten Mann Gefallen, welcher sie mit sportlichen Kunststücken und dem Überschreiten gesellschaftlicher Konventionen beeindruckte. Ihr Gemahl war das Gegenteil eines Womanizers, dem es nicht im Traum eingefallen wäre, zu einem Empfang auf Händen laufend zu erscheinen.

Von Anbeginn stand die Ehe der Ardennes unter keinem guten Stern. Als jüngstes Kind des Freiherrn Felix von Plotho war Elisabeth bzw. Else, wie sie bald genannt wurde, auf dem elterlichen Gut Zerben bei Parey recht ungezwungen aufgewachsen. Das änderte sich für den Wildfang erst mit dem Tod des Vaters. Die Witwe wollte die Tochter angemessen unter die Haube bringen. In ihr Blickfeld rückte ein Leipziger Thomasschüler, der mit den Zieten-Husaren gelegentlich in Zerben weilte. Im Gegensatz zu ihrer Mutter konnte Else dem Klavierspiel des Verehrers nicht allzu viel abgewinnen. Dieser Armand von Ardenne interessierte sich im Gegenzug auch weniger für die hübsche Erscheinung der jungen Dame, ihn beflügelte die Aussicht, als kleiner belgischer Adliger durch eine vorteilhafte Heirat seine Karriere in Schwung zu bringen. Bei Ausbruch des Deutsch-Französischen Krieges ließ sich Else zu einem Versprechen hinreißen. Doch Ardenne kam – wenn auch blessiert – von der Front zurück und an Neujahr 1873 gab sie ihm ihr Ja-Wort. Die ersten Jahre verbrachte das Paar recht zurückgezogen in Berlin. Ardenne vergrub sich als Militärschriftsteller in Archiven. Seine Frau langweilte sich besonders nach der Geburt der Kinder, Margot und Egmont, ohne nennenswerten gesellschaftlichen Austausch.

»Benrath ist ein entzückendes Rokoko-schlösschen, inmitten eines herrlichen, großen Parks, der bis zum Rhein herunterführt. Schloss und Kavaliershäuser liegen an einem See, in dem wir die wunderbarsten roten Sonnenuntergänge erlebten.«

Ende 1877 wurde Ardenne zu den Düsseldorfer Husaren versetzt. Nach einem Intermezzo in Metz brach 1881 mit seiner Versetzung nach Benrath für Else eine abwechslungsreiche Zeit an. Als »Herrin der Benrather Tafelrunde« ließ sie sich von den Künstlern der Düsseldorfer Akademie hofieren, die sich fast täglich zu geistreichen Gesprächen, Kahnfahrten oder Spaziergängen einfanden. Hartwig und Ardenne trafen sich bei Gesellschaften in der Uel, musizierten gelegentlich oder waren zu Pferd in der Umgebung unterwegs. Bei den Ausritten musste Hartwig auf die Anwesenheit seiner Angebeteten verzichten, die kein eigenes Pferd besaß. Um sich ihr – ohne gesellschaftliches Aufsehen zu erregen – häufiger zu nähern, ließ er sich vom Kunstprofessor Peter Jansen Malstunden geben. Eingewiesen in die Pinselführung besuchte er sein Modell Else nun regelmäßig mit dem Malutensil. Dem ahnungslosen Ardenne wurden Hartwigs Werke als Geburtstagsgeschenk verehrt.

Nach der Beförderung Ardennes zum Oberstleutnant zog die Familie zurück nach Berlin. Doch Hartwig gab sich nicht geschlagen, heimlich wanderten Briefe

zwischen Spree und Rhein hin und her. Bei einem Tête-à-tête im Sommer 1886 versprachen sich die Liebenden, ein neues, gemeinsames Leben zu beginnen. Deshalb ließ sich der Richter in Düsseldorf zunächst für seine »künstlerischen Ambitionen« beurlauben. Übermütig und »glücklich wie die Kinder« trafen sich die Turteltauben selbst in Anwesenheit des Herrn Gemahl. Spätestens jetzt wird es Ardenne wie Schuppen von den Augen gefallen sein. Am 24. November 1886 durchwühlte er eine Kommode, in der er Hartwigs Briefe fand – Else gestand alles.

Vier Monate nach dem Duell wurde die Ehe der Ardennes geschieden. Die Kinder kamen in die Obhut des Vaters, Elisabeth sah sie erst als Erwachsene wieder. Doch im Gegensatz zu Fontanes Figur zerbrach sie nicht an ihrem Schicksal. Sie ließ sich zunächst in der Schweiz in der Krankenpflege unterweisen und erkannte schnell ihr Talent für die Pflege psychisch Kranker. Nach Stationen in verschiedenen Heilanstalten fand sie um 1900 ihre Lebensaufgabe an der Seite von Margarethe Weyersberg. Über fünfzig Jahre pflegte sie die Gemütskranke, zunächst in Alsbach an der Bergstraße, dann in Lin-

»Trotz Abschied fahre ich [mit] List doch noch einmal zu ihm; er bringt mich zurück, springt in der Burgstraße noch einmal halb betäubt aus dem Wagen, zieht mich noch einmal im Überschwang der Gefühle an seine Brust – das letzte Mal!«

dau am Bodensee. Deren Familie kam im Gegenzug für Lebensunterhalt und Reisen Elisabeths auf. Bis ins hohe Alter blieb sie rüstig – fünfzigjährig bestieg sie als erste Frau den Schesaplana, einen knappen Dreitausender in der Schweiz, mit sechzig lernte sie Ski fahren, mit achtzig auch noch das Radeln. In der Weyersberg'schen Villa am Bodensee starb Elisabeth von Ardenne als älteste Lindauerin mit achtundneunzig Jahren. Ihr Grab befindet sich auf dem Stahnsdorfer Friedhof bei Berlin.

Quellen:
Wilhelm Beckmann: Im Wandel der Zeiten. Berlin 1930.
Horst Budjuhn: Fontane nannte sie »Effi Briest«. Das Leben der Elisabeth von Ardenne. Berlin 1985.
Margitta Dobrileit: Baronin Elisabeth von Ardenne. Theodor Fontanes Romanfigur. Düsseldorf 2008.
Manfred Franke: Leben und Roman der Elisabeth von Ardenne, Fontanes »Effi Briest«. Düsseldorf 1994.
Manfred von Ardenne: Ein glückliches Leben für Technik und Forschung. Berlin 1978.

CLARA VIEBIG

17.07.1860–31.07.1952

Düsseldorfer Adresse: Carlstadt, Schwanenmarkt 3
In Düsseldorf von 1868 bis 1883

Als Chronistin der Gründerzeit zur Bestseller-Autorin

Vor rund hundert Jahren war die Schriftstellerin Clara Viebig sehr populär. Vom Backfisch bis zum Greis verschlang ganz Deutschland ihre Romane, die sie wie am Fließband produzierte. Die Bücher, die häufig Frauenschicksale behandelten, spielten in der Eifel, im Rheinland, in Westpreußen und Berlin. Die detaillierten Beschreibungen der Orte, mit denen Clara Viebigs Biografie verknüpft war, brachten ihr den Ruf einer Heimatdichterin ein, obwohl sie selbst die Kunst in »Heimatkunst« immer betonte.

Ihre Familie stammte ursprünglich aus Posen in Westpreußen. 1858 war ihr Vater Ernst Viebig als Oberregierungsrat nach Trier versetzt worden, wo zwei Jahre später Clara geboren wurde und ihre ersten Lebensjahre verbrachte. Als sie acht Jahre alt war, wurde der Vater zum Stellvertretenden Regierungspräsidenten in Düsseldorf ernannt. Die Umzugskisten wurden gepackt, für zwölf Jahre fand die Familie ihr Domizil in der Carlstadt.

Ihre Düsseldorfer Jahre erinnerte die Dichterin später als ein einziges Abenteuer. Nach den Stunden in der Luisenschule kletterte sie mit ihren Spielkameraden in die Nachbargärten, um Birnen zu stibitzen, klingelte abends erboste Nachbarn aus ihren Häusern oder fuhr bei Hochwasser trotz Verbotes im überfluteten Keller in einer Stiege Kahn. Als Zwölfjährige entdeckte sie im väterlichen Arbeitszimmer das Buch der Lieder von Heinrich Heine, der zu einem ihrer liebsten Dichter wurde.

Die Sommerferien verbrachte sie an der Mosel. Ihre Erlebnisse verarbeitete die »Eifeldichterin« später in ihren Erzählungen. Während eines Pensionsjahres in Trier versuchte sich die Sechzehnjährige an ersten Texten, die sie jedoch noch vor aller Augen verbarg.

Kurz nach seiner Pensionierung 1881 starb der Vater, was die Familie in finanzielle Bedrängnis brachte. Nach zwei Jahren hatte Clara ihre strenge Mutter überzeugt, nach Berlin überzusiedeln. Nach einer Gesangsausbildung bestritt sie ihren Lebensunterhalt zunächst als Musiklehrerin.

In Berlin führte Clara Viebig der kränklichen Mutter den Haushalt. Lediglich im Sommer konnte sie ausbrechen, die Ferien verlebte sie bei Verwandten in der Posener Region. Mitte der Neunzigerjahre hatte sie erstmals mit kleinen Texten in Tageszeitungen und Familienblättern Erfolg. Dank ihres erklecklichen Salärs minderte sich schließlich der Widerstand der Mutter gegen diese in ihren Augen »unmögliche« Beschäftigung für die Tochter eines Beamten.

Als Glücksfall für ihre Schriftstellerkarriere erwies sich 1895 ihre Begegnung mit Theodor Fontane. Sie hatte ihm Texte zur Begutachtung geschickt, die für sie der Türöffner zu seinem Refugium wurden. In den drei Jahren bis zu seinem Tod trafen sie sich von Zeit zu Zeit, um Literarisches ebenso wie Gott und die Welt zu erörtern. Durch ihn lernte sie auch den vier Jahre jüngeren Verleger Fritz Theodor Cohn kennen, den sie 1896 heiratete. Die von einem jüdischen Schwiegersohn nicht erbaute Mutter wurde vom alten Fontane persönlich beschwichtigt, der dann sogar die Brautrede hielt. In ihrem Ehemann hatte die junge Schriftstellerin

»Nie hätte ich das Buch ›Die Wacht am Rhein‹ geschrieben, dieses ... Gedenkblatt der Stadt Düsseldorf, wären die Erzählungen meiner Mutter nicht. Ja, die konnte ganz wunderbar erzählen!«

einen Förderer gefunden, der bis zum Verkauf des Verlages 1921 ihre Bücher herausbrachte und damit einen wichtigen Beitrag zu ihrem Erfolg leistete.

Inspiriert durch Emile Zolas Germinal feilte sie unermüdlich an ihrem eigenen Stil. 1897 gelang ihr mit den Kindern der Eifel und den Rheinlandtöchtern der Durchbruch als Schriftstellerin. Trotz der Geburt ihres Sohnes Ernst im Herbst 1897 saß die nun bekannte Dichterin weiter am Schreibtisch. Der Roman *Das Weiberdorf* fand 1899 reißenden Absatz, brachte ihr aber auch böse Briefe von sich verunglimpft fühlenden Eifelbewohnern ein, die ihre Popularität jedoch steigerten.

1902 legte sie mit der Wacht am Rhein nach, in der sie die Düsseldorfer Kaserne als Schauplatz einer Familiensaga zwischen Märzrevolution und Deutsch-Französischem Krieg verwendete. Mit ihrer Schulfreundin Josefine Rinke, dem Vorbild der Feldwebeltochter im Roman, konnte Clara Viebig auch hinter die Kulissen der Kaserne schauen, die mit Exerzierübungen und Marschmusik einen Hauch von Abenteuer verhieß. Während des Krieges hatte sie dort jedoch auch das Leid gesehen, als sie ihre Mutter zur Pflege der Verwundeten ins Lazarett begleitete.

In den Folgejahren erschienen alljährlich neue Bücher in hohen Auflagen. Mit dem sich vergrößernden Vermögen leistete sich die kleine Familie den Luxus einer Villa vor den Toren des damaligen Berlins, in Zehlendorf. Dort waren Max Liebermann, Heinrich Zille und Käthe Kollwitz gern gesehene Gäste, die zu einigen Büchern Clara Viebigs die Einbände gestalteten.

Anfang der Zwanzigerjahre musste der Verlag aufgrund finanzieller Engpässe verkauft werden. Um die Dichterin Clara Viebig wurde es ruhiger. Gefragt war sie nun als Großmutter der beiden Kinder ihres Sohnes, des talentierten Komponisten und Kapellmeisters Ernst Viebig, der trotz ständiger Schulden der Stolz seiner Eltern war. Nach der Machtergreifung der Nazis sah er sich als Nachkomme eines Juden bedroht und wanderte 1934 nach Brasilien aus, wo er als Musiker jedoch nicht Fuß fassen konnte. Clara Viebig wurde als »Versippte« geduldet, ihre Bücher nicht verbrannt. Jedoch entsprachen ihre Romane nicht mehr dem Zeitgeschmack, ihr letztes Buch erschien 1935.

1936 starb ihr Ehemann. Nach einem einsamen Jahr in Zehlendorf reiste sie zu ihrem Sohn nach Brasilien, konnte sich dort aber nicht eingewöhnen und kehrte nach kurzer Zeit wieder nach Berlin zurück. Nach den Berliner Bombennächten floh sie mit ihrer Haushälterin ins schlesische Mittenwalde. Um nach dem Krieg als Sechsundachtzigjährige nach Berlin zurückkehren zu können, war sie gezwungen, ihren Besitz an Möbeln und Schmuck zu verkaufen. Bald darauf ging die noch recht rüstige Dame einem früheren Bekannten ins Netz. Ernst Leo Müller, der ehemalige Bürgermeister des Eifelstädtchens Hillesheim, drängte sich ihr als Sekretär auf. Er übernahm

»Viele, viele glückliche Wege sind wir gegangen, mein großer Bruder und ich … Im Ellerer Busch, am sumpfigen Wasserlauf pflückte er mir Vergißmeinnicht, im Aaper Wald suchten wir Brombeeren …«

ihre finanziellen Angelegenheiten und sämtlichen Schriftverkehr. So gelang es ihm, einen Keil zwischen Mutter und Sohn zu treiben und schließlich Eigentümer von Haus, Urheberrechten und Nachlass zu werden.

In diesem letzten Kapitel ihres Lebens fiel der Stadt Düsseldorf eine seltsame Rolle zu. Stadtarchivar Kauhausen bemühte sich darum, für Clara Viebig einen Platz im Ehrengrab ihres Vaters auf dem Düsseldorfer Nordfriedhof zu reservieren. Müller kam das zupass, da er so die Beerdigungskosten sparen würde. Tatsächlich konnte er Clara Viebig von ihrem Wunsch abbringen, an der Seite ihres Mannes und ihrer Mutter bestattet zu werden. Familie und Freunde wurden von ihrer Willensänderung erst nach ihrer Beisetzung im August 1952 in Kenntnis gesetzt.

Quellen:
Thea und Wolfgang Merkelbach und Dieter Heimer: Die letzten Lebensjahre Clara Viebigs. Die Rollen ihres Bevollmächtigten, Ernst Leo Müller, und des Stadtarchivars Paul Kauhausen, Düsseldorf. In: Düsseldorfer Jahrbuch 82 (2012), S. 131–181.
Petra Schomburg und Ortrun Niethammer: Clara Viebig. 1860–1952. In: Bernd Kortländer (Hg.): Literatur von nebenan 1900–1945. 60 Portraits von Autoren aus dem Gebiet des heutigen Nordrhein-Westfalen. Bielefeld 1995, S. 371–376.
Clara Viebig: Eine Kindheit im alten Düsseldorf. In: Leonhard Tietz (Hg.): Rheinische Erzähler. Düsseldorf 1914, S. 27–34.
Clara Viebig: Mein Leben. Hg. von Christel Aretz. Hontheim 2002.

LOUISE DUMONT

22.02.1862–16.05.1932

Düsseldorfer Adresse: Urdenbach, Haus Drängenburg,
Am alten Rhein 8
In Düsseldorf von 1905 bis 1932

Die Düsseldorfer Neuberin

Mit Gustav Lindemann hatte die Dumont in Berlin 1903 den idealen Partner für Beruf und Leben kennengelernt. Noch bevor sie den zehn Jahre jüngeren Regisseur 1907 in London heiratete, entschloss sich die gefeierte Ibsen-Darstellerin, mit ihm in Düsseldorf ein eigenes Theater zu eröffnen. Ähnliche Projekte mit Max Reinhardt in Berlin oder Adolf Klein in Sankt Petersburg waren zuvor nicht zustande gekommen.

Auch der Versuch des Paares, in Weimar ein Bayreuth des Theaters zu etablieren, scheiterte am konservativen, klassikverliebten Publikum. Düsseldorf als Platz für einen neuen Anlauf kristallisierte sich nur durch Zufall heraus. Nach der Verlegung des Niederrheinischen Füsilierregiments wurde eine Parzelle des früheren Exerzierplatzes an der Kasernenstraße für öffentliche Gebäude ausgeschrieben. Bürgermeister Wilhelm Marx unterstützte die Idee, dort ein unabhängiges Theater anzusiedeln. Am 28. Oktober 1905 hob sich das erste Mal der Vorhang des Schauspielhauses für Louise Dumont, die als Hebbels Judith das Publikum begeisterte. Für ihren intensiven, vom Naturalistischen abgerückten Darstellungsstil warb sie ab 1905 auch im Hausjournal *Masken*, das von Dumont und Lindemann als erste regelmäßige Theaterzeitschrift herausgegeben wurde. Mit der Initiierung der legendären »Morgenfeiern« bot sich ihr ein weiteres Forum für ihr Verständnis, Theater zu machen. Für die Gestaltung der »Text und Ton«-Matineen hatte

sie den jungen Dichter Herbert Eulenberg engagiert, der bis 1909 als Dramaturg an der Bühne blieb.

Ursprünglich hatte das zweitälteste von zwölf Kindern des Kaufmanns Heynen in ein Kloster eintreten wollen. Zwischenzeitlich von ihrem Geburtsort Köln nach Berlin umgesiedelt unterstützte sie als Näherin ihre Familie in wirtschaftlich ungünstigen Zeiten. Aus einer Laune heraus stellte sich die Zwanzigjährige beim Nationaltheater vor und erhielt zunächst kostenlosen Sprechunterricht. 1883 debütierte sie unter dem Mädchennamen der Mutter, Dumont. Ihren Durchbruch erlebte sie am Königlichen Hoftheater in Stuttgart, dessen Ensemble sie zehn Jahre angehörte. Nach Gastauftritten in Russland und Wien erlangte sie auch international Beachtung. Zum Star reifte sie ab 1898 am Deutschen Theater unter Otto Brahm besonders durch ihre Ibsen-Interpretationen. In dem Bestreben, sich künstlerisch weiterzuentwickeln, wurde ihr Wunsch nach Unabhängigkeit immer größer. Bis 1932 stand sie regelmäßig in ihrem eigenen Düsseldorfer Haus auf der Bühne.

Aus finanziellen Zwängen heraus fand auch die heitere Muse einen Platz im Spielplan an der Kasernenstraße. 1913 gab Paul Henckels hier erstmals den »Schneider Wibbel«, seine Paraderolle im gleichnamigen Stück aus der Feder seines Schulkameraden Hans Müller-Schlösser. Während des Ersten Weltkrieges durch die Stadt sub-

»Suche in Düsseld. einen Bauplatz für uns, wir wollen uns einen Tempel bauen, in dem jeder Athemzug ein Gebet sein soll.«

»In den 10 Jahren am Stuttgarter Hoftheater habe ich künstlerisch stagniert. Ich bin nicht weiter gekommen, als ich zu Beginn war. Mein Gehalt blieb auch dasselbe!«

ventioniert hatte die Bühne danach auch noch mit politischen Querelen zu kämpfen. 1919 zogen sich Dumont und Lindemann deshalb entnervt aus der Führung des Hauses zurück. Paul Henkels, Fritz Holl und Knut Ström wurden zu Theaterleitern bestimmt, die jedoch mit ihrem Programm beim Publikum weniger Anklang fanden. Nach einem Jahr Abstinenz hatte die Dumont in ihrem Haus wieder das Sagen. Durch die Inflation kam der eigene Spielbetrieb 1922 nochmals zum Erliegen. Das Theater musste vermietet werden und diente zwischenzeitlich als Operettenbühne.

Die Wiedereröffnung 1924 wurde jedoch ein großer Erfolg und über das fünfundzwanzigjährige Bestehen der Hauses 1930 berichtete auch die internationale Presse. Besonders die Inszenierung von Goethes *Faust* 1931/32 zog das Publikum in ihren Bann. In Berlin, wo sie später auch zu sehen war, fand Gustaf Gründgens als Mephisto zu seiner Lebensrolle.

1929 verursachte Louise Dumont einen Skandal in ihrem Haus, als sie ein Stück über den Mörder eines Mädchens auf den Spielplan setzen ließ. Zur selben Zeit trieb Peter Kürten unentdeckt noch sein Unwesen in der Stadt. Insgeheim hatte die Dumont gehofft, dass der schon seit Monaten verzweifelt gesuchte »Vampir von Düsseldorf«

Kürten das Stück sehen und sich durch seine Reaktion der zu diesem Zweck eingeladenen Polizei verraten würde. Aufgrund von Protesten musste das Stück jedoch nach drei Aufführungen ohne Fahndungserfolg abgesetzt werden.

Mit der Wiedereröffnung 1924 wurde auch die bereits 1905 gegründete Darstellerakademie unter ihrer Leitung als »Hochschule für Bühnenkunst« fortgeführt. Als berühmtester Absolvent ging Gustaf Gründgens aus der Dumont-Schule hervor. Neben der künstlerischen Arbeit engagierte sich Louise Dumont auch für die Verbesserung der Arbeitsbedingungen ihres Berufsstandes. Bereits in Berlin führte sie einen Kostümfundus für Schauspielerinnen ein, die ihre Ausstattung damit erstmals nicht mehr aus der ohnehin nicht üppigen Gage selbst finanzieren mussten.

Da sie selbst keine Kinder hatte, umsorgte sie gern als reizende Gastgeberin Besucher in ihrem Urdenbacher Rückzugsort. Die Gäste wurden von ihr raffiniert bekocht und konnten sich an dem sorgsam gehegten Rosengarten der »Drängenburg« erfreuen. Die Nachbarskinder hingegen wussten, dass sie bei »Frau Lindemann« immer Süßes ergattern konnten.

Bis zuletzt sorgte sie sich um die Geschicke »ihres Kindes«, des Schauspielhauses Düsseldorf. Kurz vor ihrem Tod schickte sie Gustav Lindemann zu Verhandlungen über eine erfolgversprechende Theaterallianz mit dem Städtischen Schauspiel Köln zu Oberbürgermeister Adenauer. Dass das Projekt noch in den Kinderschuhen zum Erliegen kam und Gustav Lindemann nach der Machtübernahme der Nazis wegen seiner jüdischen Wurzeln gezwungen war, 1933 den Spielbetrieb einzustellen, musste sie nicht mehr erleben: Ihr letzter Vorhang fiel am 16. Mai 1932, als sie in der Golzheimer Klinik an einer Lungenentzündung starb. Ihr Grabmal auf dem Nordfriedhof hat Ernst Barlach gestaltet.

Aufgrund ihrer Verdienste um die Erneuerung des Theaters nicht nur in Düsseldorf wird Louise Dumont in Anspielung auf Friederike Caroline Neuber, die große Theaterreformerin des achtzehnten Jahrhunderts, heute oft als »Neuberin des zwanzigsten Jahrhunderts« bezeichnet.

»Ich habe ja nichts mehr zum Anziehen. Ohne Anprobieren geht das nicht, das weisst Du u. in Düsseldorf: 950 Mk für ein Kleid – bei dem Etat – das geht doch nicht.«

Quellen:
Archiv Theatermuseum Düsseldorf, Nachlass Schauspielhaus Düsseldorf.
Pia Bierey: Welttheater in der Provinz: Die Theaterleiterin Louise Dumont. In: Ursula May (Hg.): Theaterfrauen. Fünfzehn Porträts. Frankfurt am Main 1998, S. 63–74.
Louise Dumont an Gustav Lindemann. Eine digitale Briefedition (www.louise-dumont.de).
Theo Fühles (Hg.): Geschichten aus Benrath und Umgebung. Benrath historisch. Schriftenreihe des Archivs der Heimatgemeinschaft Groß-Benrath e.V., Nr. 7 (1987).
Heinrich Riemenschneider: Theatergeschichte der Stadt Düsseldorf. Band 2. Düsseldorf 1987.

JOHANNA EY

04.03.1864–27.08.1947

*Düsseldorfer Adressen: Altstadt, Ratinger Straße 45;
Altstadt, Hindenburgwall 11 (heute Heinrich-Heine-Allee);
Pempelfort, Stockkampstraße 40; Altstadt, Flinger Straße 10/12
In Düsseldorf von 1882 bis 1943 und 1946 bis 1947*

Das meistgemalte Ei

Für die Zeit ihrer zwanzigjährigen Ehe konnte man durchaus von Mutter Ey sprechen. Immerhin brachte sie zwölf Kinder zur Welt, von denen jedoch nur vier das Erwachsenenalter erreichten.

In Wickrath bei Mönchengladbach geboren und in einfachsten Verhältnissen aufgewachsen, war Johanna Stocken 1882 als Haushaltshilfe und Köchin nach Düsseldorf gekommen. Hier lernte sie den Braumeister Robert Ey kennen, den sie 1888 heiratete. Als der Ehemann – wie schon ihr Vater ein Alkoholiker – sie schließlich sitzen ließ, sortierte sie ihr Leben neu. Die Dreiundvierzigjährige machte sich selbstständig und eröffnete 1907 in der Ratinger Straße 45 eine eigene Backwarenhandlung und Kaffeestube. An der Hauswand ihres ersten Ladens hängt heute eine Plakette. Sie erinnert jedoch an das letzte Lebensjahr Immermanns. Für einen Hinweis auf das Tante-Emma-Lädchen, das durch seine kauzige Betreiberin berühmt wurde, war anscheinend kein Platz.

Johanna war bodenständig, kochte gut und gewährte bei Sympathie auch gutmütig Kredit. Deshalb erfreuten sich Brötchen, Kaffee und besonders der Mittagstisch bei Studenten und Professoren der nahen Kunstakademie sowie den Theaterleuten einer großen Beliebtheit. Mit Ausbruch des Ersten Weltkrieges sah sie sich nicht nur ihrer Kundschaft beraubt, neben vielen Studenten zogen auch ihre eigenen Söhne an die Front.

Aus finanzieller Not veräußerte sie kurzerhand etliche der Bilder, die ihr Kunststudenten einst als »Bezahlung« überlassen hatten. Bald vertrauten ihr auch Akademieprofessoren einige Werke an, die sie ebenfalls geschickt unters Volk zu bringen wusste. So wurde die Idee geboren, Kunst statt Brötchen zu verkaufen.

Noch während des Krieges zog Johanna Ey in ein neues Geschäft am Hindenburgwall 11 (heute Heinrich-Heine-Allee). Der in der Stadt – besonders für die Ausgestaltung der Unterbilker Friedenskirche – geschätzte Historienmaler Professor Eduard von Gebhardt brachte ihr persönlich seine Werke, mit deren Verkauf sie sich über Wasser halten konnte. Sie selbst entwickelte jedoch eine weitaus größere Vorliebe für neue Kunstströmungen. Als die jungen Maler Otto Pankok und Gert Wollheim bei ihr hereinschneiten, hängte sie deren Bilder ohne Zögern ins Fenster und löste damit einen kleinen Skandal aus. Beflügelt durch das Aufsehen räumte sie den jungen Talenten das ganze linke Schaufenster frei. Im anderen verblieben vorerst die traditionellen Werke, mit denen sie noch ihren Lebensunterhalt bestritt. Kaum hatte sich ihre finanzielle Lage gebessert, verbannte sie die gefälligen Bilder zugunsten der Mo-

»Es kamen immer neue Bilder und neue Maler. Es wurde für mich eine herrliche, schöne Zeit … Ich war so stolz, dass ich unermüdlich mitarbeiten konnte am Aufbau einer modernen Kunstepoche.«

»Ich fing an zu begreifen, dass man durch Handel Geld verdienen kann … manchmal hatte ich Werte von 40000 bis 50000 Mark in dem kleinen Laden.«

derne und firmierte ab 1920 unter dem Namen »Junge Kunst Frau Ey«, selbstbewusst mit einem Ei als Signet.

Dass in Düsseldorf diese außergewöhnliche Kunsthändlerin mit dem Hang zum Unkonventionellen lebte, sprach sich in Künstlerkreisen schnell herum. Max Ernst kam regelmäßig aus Köln zu ihr über den Rhein. Dem etablierten Galeristen Flechtheim war der Dadaist suspekt, während Johanna Ey das Geniale witterte. Bei ihr hatte Max Ernst 1921 seine erste Ausstellung. Auch später in Paris blieb er ihr verbunden. Im selben Jahr wurde aus Dresden Otto Dix angelockt. Von dem höflichen jungen Mann war sie besonders angetan: »Er kam … mit fliegenden Capes, großem Hut und begrüßte mich mit Handkuss, für mich damals etwas sehr Außergewöhnliches.« Sie gab ihm Quartier, beschaffte ihm ein Atelier und brachte auch den fadenscheinigen Hosenboden des späteren Professors wieder in Ordnung.

In ihrer Galerie ging es zu wie in einem Taubenschlag und Johanna Ey entwickelte sich in den Zwanzigerjahren zur Mäzenin, zum Modell und Maskottchen der Künstler der neu gegründeten Kunstvereinigung Junges Rheinland. Sie sah sich selbst eher als Hebamme denn als Mutterfigur des Künstlernachwuchses, der sie augenzwinkernd nur als »das Ey« titulierte und gern in al-

len möglichen und unmöglichen Lebenslagen auf die Leinwand bannte. Selbstbewusst und doch eifersüchtig wachte sie darüber, dass nichts ihre exponierte Stellung in diesem Künstlerkreis gefährdete – so blieben die Türen ihres Ladens für Malergattinnen wie Malerinnen meist verschlossen. Besonders ans Herz gewachsen war ihr Gert Wollheim, den sie 1927 mit anderen Künstlern nach Mallorca begleitete, wohin der Ey'sche Kreis von Jacobo Sureda eingeladen worden war.

Mit der Wirtschaftskrise gingen die goldenen Zeiten zu Ende. Die Stadt griff ihr 1929 mit einem gesponserten Ladenlokal ein paar Häuser weiter am Friedrichsplatz unter die Arme. Nach der Machtergreifung der Nazis war es mit der Unterstützung vorbei. Vor dem drohenden Ungemach floh sie noch einmal zu Sureda nach Spanien. 1934, kurz nach ihrem siebzigsten Geburtstag, wurden ihre Galerie und Wohnung zwangsgeräumt, sie kam in Pempelfort abgeschnitten von ihrer geliebten Altstadtszene unter. Um ihre Schulden zu begleichen, opferte sie einige Gemälde. Als die von den Nazis zusammengestellte Wanderausstellung »Entartete Kunst« in Düsseldorf Station machte, war Johanna Ey erschüttert über die Qualität der geschmähten Werke, von denen einige zuvor noch in ihrem Laden gehangen hatten. 1943 ausgebombt, zog Johanna zunächst zu ihrer Tochter Maria nach Reinbek bei Hamburg. Als sie der Nordwestdeutsche Rundfunk nach Kriegsende dort aufstöberte, holten die Düsseldorfer ihre ehemalige Mitbürgerin zurück. In der Altstadt wagte die »gute Mutter Ey, die Hebamme und Amme der jungen Kunst in Düsseldorf«, wie ein Kritiker sie einst genannt hatte, nochmals einen Neuanfang. Hochbetagt stellte die couragierte

»Kunstagentin« 1947 in ihrem Domizil an der Flinger Straße eine neue Ausstellung auf die Beine. Nur sechs Wochen später schloss die »meistgemalte Frau Deutschlands« für immer ihre Augen. Sie ruht auf dem Nordfriedhof in einem Ehrengrab. Aus ihrem Wunsch, sich an ihrem hundertundzweiten Geburtstag im Rundfunk selbst ein Ständchen zu singen, ist nichts mehr geworden.

»Es ist schön, dass ich noch für alles schwärmen kann, denn Phantasie ist eine Krankheit, eine für mich schöne Krankheit, die mir über vieles hinweghilft.«

Quellen:
Susanne Anna und Marie Althöfer (Hg.): Ich, Johanna Ey. Düsseldorf 2010.
Annette Baumeister: Erinnerungen an Johanna Ey. Düsseldorf 1999.
Anna Klapheck: Mutter Ey. Eine Düsseldorfer Künstlerlegende. Düsseldorf 1958.
Wieland Koenig und Stadtmuseum Düsseldorf (Hg.): Das junge Rheinland. Eine Friedensidee. Ausstellungskatalog Stadtmuseum Düsseldorf. Düsseldorf 1988.
Mäzenin in der Kaffeestube. Mutter Ey gab Kredit. In: DER SPIEGEL 10/1947.

ELLY NEY

27.09.1882–31.03.1968

Düsseldorfer Adresse: Carlstadt, Kaserne des Niederrheinischen Füsilierregiments Nr. 39 (heute Kasernenstraße)
In Düsseldorf von 1882 bis 1887, Gastspiele ab 1904

Umstrittene Beethovenjüngerin

Anfang des zwanzigsten Jahrhunderts, als sich die Pianistin Elly Ney mehr und mehr dem Werk Beethovens verschrieb, galten dessen Stücke für eine Frau noch als unspielbar. Mit unermüdlichem Training und kraftvollem Spiel belehrte sie die Musikwelt eines Besseren und schwang sich zu seiner »Hohepriesterin« auf.

Das musikalische Talent bekam Elisabeth-Katharina, genannt Elly, schon in die Düsseldorfer Wiege gelegt, da Großmutter und Mutter passionierte Pianistinnen waren. Wenn ihre Mutter, die vormalige Klavierlehrerin Anna-Friederike Ney, übte, lag Baby Elly unter dem Flügel. Zur Welt kam das Mädchen in der Kaserne des Niederrheinischen Füsilierregiments, dem Ellys Vater Jakob Ney seit dem Deutsch-Französischen Krieg angehörte. 1887 quittierte der Feldwebel den Dienst und wurde Standesbeamter in Bonn. Wie seine Rekruten zuvor drillte er nun seine Kinder. Um fünf Uhr morgens wurden sie aus dem Bett geholt, um vor Schulbeginn zu wandern oder im Rhein zu schwimmen. Gleiche Disziplin verlangte er auch bei der Musikerziehung seiner Sprösslinge.

Ihren ersten Klavierunterricht erhielt die besonders begabte älteste Tochter von ihrer Mutter. Bereits mit zehn Jahren wurde sie wegen ihres Talentes am Kölner Konservatorium angenommen. Schon damals wollte sie Pianistin werden – so wie Clara Schumann, deren Grab sie öfter besuchte. Mit fünfzehn Jahren debütierte sie in

Bonn auf der Konzertbühne, drei Jahre später erspielte sie sich den Mendelssohn-Preis der Stadt Berlin.

Flügge geworden entschloss sich Elly Ney 1902, ihr Studium in Wien fortzusetzen. Wegen eines Streits mit dem Vater weihte die noch Minderjährige nur die Mutter in ihren tollkühnen Plan ein. Statt ein Konzert zu besuchen, stieg sie in den Zug nach Österreich. Finanziert wurde das Abenteuer von einem Verehrer. Der Bankierssohn hatte seinem Vater das Stipendium für seinen Schwarm abgeschwatzt.

Auf die anfängliche Euphorie folgte schnell die Ernüchterung, als ihr strenger Wiener Lehrmeister Theodor Leschetitzky sie für noch nicht konzerttauglich erklärte. Deshalb wechselte sie als Meisterschülerin zum Liszt-Eleven Emil von Sauer.

Mit dem Diplom in der Tasche kam sie 1904 zurück ins Rheinland. In dieser Zeit gastierte sie häufiger in Düsseldorf, beispielsweise um für die musikalische Untermalung der »Morgenfeiern« Herbert Eulenbergs im Düsseldorfer Schauspielhaus zu sorgen. Das Theater von Louise Dumont und Gustav Lindemann an der Kasernenstraße war kurz zuvor auf dem gleichen Grundstück errichtet worden, auf dem sich auch die Kaserne befand, in der Elly das Licht der Welt erblickt hatte.

Nach dem Tod ihres früheren Lehrers Isidor Seiß 1905 übernahm sie dessen Stelle am Kölner Konservatorium. Obwohl sie als gute Lehrmeisterin galt, gab sie das Unterrichten 1908 zugunsten ihrer Konzerte wieder auf.

Noch am Konservatorium hatte Elly Ney den Mann ihres Lebens kennengelernt, den niederländischen Geiger Willem van Hoogstraten. Sie heirateten 1911 und gingen gemeinsam auf viele Konzertreisen. 1916 und

1917 waren sie mit verschiedenen Konzertabenden im Düsseldorfer Schauspielhaus zu Gast. Während des Ersten Weltkrieges traten sie zudem mit dem Cellisten Fritz Reitz als Elly-Ney-Trio auf. 1918 wurde Wunschkind Eleonore in Zürich geboren, das jedoch während der Tourneen häufig in Obhut gegeben wurde – die Musikkarriere stand im Vordergrund.

In den Zwanzigerjahren hatte Elly Ney den Zenit ihres Könnens erreicht. Nach einem sensationellen Beethovenkonzert in der New Yorker Carnegie Hall eroberte das Musikerpaar zusammen Amerika. In Orchesterkonzerten unter Hoogstratens Leitung trat Elly Ney in fast allen großen Städten der USA auf und auch als Solistin durchreiste die »Beethoven-Botschafterin« das ganze Land. Ihr Rückzugsort blieb jedoch Deutschland, wo sie 1927 zur Ehrenbürgerin Bonns ernannt wurde. Im selben Jahr zerbrach ihre Lebens- und Arbeitsgemeinschaft mit Willem van Hoogstraten, nachdem dieser zum Chefdirigenten des Oregon Symphony Orchestra in Portland ernannt worden war. 1928 stürzte sich Elly Ney in eine kurze Ehe mit einem Fan, der ihr sieben Jahre lang in alle Konzertsäle gefolgt war. 1930 kehrte sie endgültig nach Deutschland zurück und richtete sich in Tutzing am Starnberger See ein. Damals näherte sie sich auch ihrem Exmann wieder an, mit dem sie schließlich bis zu dessen Tod 1965 zusammenlebte.

Auch in Deutschland blieb Beethoven für Elly Ney die alles beherrschende Identifikationsfigur. Mit dem jungen Cellisten Ludwig Hoelscher und verschiedenen Geigern

trat sie ab 1931 erneut als Elly-Ney-Trio auf. Im selben Jahr initiierte sie in Bonn die Beethovenfesttage, um die Stadt als Beethovenpilgerstätte zu etablieren. Zupass kam ihr dabei auch die Machtergreifung der Nationalsozialisten, die den Komponisten neben Wagner besonders schätzten. Als jüdischen Pianisten das Spielen von Beethovenwerken untersagt wurde, war Elly Ney zudem als Beetheveninterpretin konkurrenzlos. Trotzdem gelang es ihr nicht, aus Bonn ein zweites Bayreuth zu machen – »ihr« Festival bereichert jedoch noch heute als Beethovenfest Bonn alljährlich das Musikleben am Rhein.

Adolf Hitler, für den sich Elly Ney schon 1933 begeistert hatte, ernannte sie 1937 zur Professorin, kurz darauf wurde sie Mitglied der NSDAP. Während des Krieges verlagerte die unermüdliche »Volksmusikerin« ihre Konzerte in Kasernen, Lazarette und Gefängnisse und unterrichtete am Salzburger Mozarteum.

Nach Kriegsende verhängten die Amerikaner zunächst ein Auftrittsverbot über Elly Ney. Das hinderte die Militärs jedoch nicht daran, die bekannte Pianistin für private Konzerte anzufordern. Ab 1948 konnte sie wieder vor einem breiten Publikum spielen, da die Entnazifizierungsbehörde sie als unproblematische Mitläuferin rehabilitiert hatte. Nur die Bonner Stadtväter blieben stur. Weil sie echte Reue vermissten, wollten sie sie weiterhin nicht mehr auf ihre Bühnen lassen. Deshalb sammelte die Pianistin zunächst anderorts bei ihren Konzerten für den Wiederaufbau der Beethovenhalle. Nachdem sich Bundespräsident Heuss persönlich eingemischt und das Auftrittsverbot kassiert hatte, gelang der Siebzigjährigen 1952 ein großes Comeback in Bonn. Zu ihrem achtzigsten Geburtstag verebbte jegliche Kritik an ihrer Person und allerorten würdigte man sie wieder als die große Klaviervirtuosin des Jahrhunderts.

1965 kündigte Elly Ney ihrerseits den Bonnern die Freundschaft. Die Kulturverantwortlichen hatten nicht einmal in Erwägung gezogen, sie zum Beethovenfest als Gast geschweige denn als Mitwirkende einzuladen. Kurz zuvor hatte Ludwig Erhard der Pianistin noch bei einem Privatkonzert im Kanzlerbungalow applaudiert.

Das übrige Deutschland blieb von der Fehde zwischen der Stadt Bonn und ihrer Ehrenbürgerin unbeeindruckt. Landauf, landab stand ihr Name immer noch regelmäßig auf den Konzertplänen. Ihre Fangemeinde war mit ihr gealtert und hörte offensichtlich nicht mehr gut genug, um wahrzunehmen, dass ihr Spiel gelitten hatte. Ihren letzten Applaus erhielt die Fünfundachtzigjährige drei Wochen vor ihrem Tod.

»Man hatte mich gewarnt, meine Säle würden leer bleiben, aber sie füllten sich mit Tausenden von begeisterten Zuhörern.«

Quellen:
Joachim Kaiser: Große Pianisten in unserer Zeit. Erweiterte Neuausgabe. München 1989.
Ursula Köhler-Lutterbeck und Monika Siedentopf: Elly Ney (1882–1968). In: Ursula Köhler-Lutterbeck und Ursula Monika Siedentopf (Hg.): Frauen im Rheinland. Außergewöhnliche Biographien aus der Mitte Europas. Köln 2001, S. 154–158.
Zenta Maurina: Begegnung mit Elly Ney. Eine Danksagung. Memmingen 1956.
Ariane Neuhaus-Koch (Hg.): Dem Vergessen entgegen. Frauen in der Geistesgeschichte Düsseldorfs. Lebensbilder und Chroniken. Dokumentation einer Ausstellung des Frauen-Kultur-Archivs. Neuss 1989.
Elly Ney: Erinnerungen und Betrachtungen. Mein Leben aus der Musik. Aschaffenburg 1957.

HULDA PANKOK

20.02.1895–08.09.1985

Düsseldorfer Adressen: Friedrichstadt, Fürstenwall 179;
Oberkassel, Brend'amourstraße 65
In Düsseldorf von 1920 bis 1938 und 1945 bis 1958

Leben zwischen Feuilleton, Friedenspolitik und Familie

In ihren letzten zwanzig Lebensjahren wachte Hulda Pankok über das Vermächtnis des Malers Otto Pankok, mit dem sie fünfundvierzig Jahre lang verheiratet war. Zusammen mit ihrer Tochter Eva baute sie auf einem alten Gut bei Wesel neben ihrer Wohnstatt das Otto-Pankok-Museum auf. Doch schon in der Ausbildung und im beruflichen Alltag Hulda Pankoks spielte die Beschäftigung mit Kunst und Kultur die Hauptrolle, wie es ihr bereits die Eltern vorgelebt hatten.

Als jüngstes von sechs Kindern eines Lehrers und einer Theaterkritikerin wuchs Hulda Droste in Bochum auf. Nach dem Abitur 1913 besuchte sie eine Hauswirtschaftsschule und ließ sich als Bibliothekarin ausbilden. Noch während des Ersten Weltkrieges baute sie in Bochum die erste Bücherei für junge Leser auf und arbeitete in der Krupp'schen Hausbibliothek in der Villa Hügel. Zwischenzeitlich begann sie in Jena ein Studium der Kunstgeschichte und Germanistik.

Als sich ihr Bruder Heinrich Ende 1919 in Düsseldorf als Verleger niederließ, folgte sie ihm, um in die Fußstapfen ihrer Mutter zu treten. Diese hatte bereits zur Jahrhundertwende den Spagat zwischen »Kindern, Küche und Karriere« zu meistern gewusst – in Huldas Erinnerung mit dem Kochlöffel in der einen, dem Notizblock in der anderen Hand. Für das Feuilleton von Heinrich Drostes *Mittag* schrieb die kleine Schwester fortan Literatur-, Theater- und Kunstkritiken. Bei einem Inter-

view lernte sie 1920 Otto Pankok in der Ey'schen Galerie kennen. Erst verguckte sich Hulda in ein Bild, dann in den Künstler, 1921 läuteten die Hochzeitsglocken für »Hülleken« und Otto. Ab 1925 zu dritt fanden sie ein neues Domizil in Oberkassel – mit Garten und Buddelkasten für Töchterchen Eva. Künstlern stand die Tür des Hauses in der Brend'amourstraße immer offen, seitdem war Hulda Pankok dem Theaterpaar Louise Dumont und Gustav Lindemann, dem Schriftstellerpaar Hedda und Herbert Eulenberg und vielen Künstlern der Akademie freundschaftlich verbunden.

Trotz Nachwuchses war Hulda Pankok in den folgenden Jahren gut im Geschäft. Ab 1929 stand sie beim kurz zuvor gegründeten WDR unter Vertrag. Mit Otto Pankok im Schlepptau reiste sie auf den Spuren El Grecos durch Spanien. Daraus resultierten zwölf Rundfunkvorträge und auch die katalanischen Bilder ihres Mannes. Zur gleichen Zeit entwickelte sie für den Mittag die Beilage »Geistiges Leben«, in der sie Texte über Literatur und Kunst, aber zunehmend auch philosophische und politische Abhandlungen platzierte. In ihren Artikeln setzte sie sich für selbstbewusste, selbstbestimmte Frauen ein, prangerte die Ausgrenzung der jüdischen Bevölkerung an und warnte immer häufiger vor den Folgen der explosiven politischen Situation.

Aufgrund ihrer linksintellektuellen Gesinnung wurde die Lage der Pankoks unter den Nationalsozialisten immer bedrohlicher. Otto Pankok hatte sich 1931 im verrufenen Unterrather Heinefeld in einem alten Hühnerstall eine Art Wohnatelier eingerichtet. Dort lebte er zeitweise mitten unter den dort ansässigen Sinti und Roma, um sie in Alltagssituationen auf Papier zu ban-

»Immer wieder drängt es mich dazu, mich für die holde Kunst einzusetzen, da ich ein Mensch von heute bin.«

nen. Parallel arbeitete er an seinem regimekritischen Passionszyklus, den er 1935 abschloss. Bald darauf erhielt Hulda Pankok Berufsverbot, doch veröffentlichte sie noch einzelne Artikel unter Pseudonymen und redigierte Texte im Verlag des Bruders.

Kaum war Anfang 1937 der Katalog zum Passionszyklus erschienen, stand die Gestapo in der Wohnung an der Brend'amourstraße. Hulda Pankok konnte die Verhaftung ihres Mannes in letzter Sekunde verhindern, lediglich einige Kataloge nahmen Hitlers Schergen mit. Trotzdem hielten die Pankoks es für geboten, Düsseldorf zu verlassen. Deshalb siedelten sie 1938 ins Emsland über, wo der »Entartete« unerkannt weiterarbeiten konnte. Kurz vor Kriegsausbruch gelang es der Familie, in die Schweiz auszureisen. Da der geplante Verkauf der »Passion« an einen zwielichtigen Künstler scheiterte, mussten sie in die deutsche Unsicherheit zurückkehren. 1941 fanden die Pankoks einen neuen Unterschlupf auf einem verlassenen Bauernhof bei Pesch in der Eifel, die Bauern stellten keine Fragen an die neuen Nachbarn.

Das Oberkasseler Domizil war 1942 bei einem Bombenangriff getroffen worden. Nach dem Krieg kehrte Hulda Pankok in die Brend'amourstraße zurück, um zunächst das Haus wieder herzurichten. Da sie nie auf der Seite der Nazis gestanden hatte, hob die britische Mili-

tärregierung in Düsseldorf ihr Berufsverbot wieder auf. Die wiedergewonnene Freiheit nutzte sie für die Gründung eines eigenen Verlages. Als Firmensignet dienten die von Otto Pankok entworfenen drei Eulen, die für die Familienmitglieder Hulda, Otto und Eva standen. In ihrem Verlag brachte Hulda Pankok vor allem deutsche Klassiker und Abhandlungen zur Kunst heraus. Außerdem verlegte sie Texte der mit ihr befreundeten Autoren Martha Saalfeld und Herbert Eulenberg sowie die »Zigeunerbilder« ihres Mannes. Mangels einer eigenen Druckerei und wegen stagnierender Verkäufe brachte die Währungsreform 1949 den Drei Eulen Verlag ernsthaft in Bedrängnis.

1947 waren die »drei Eulen« wieder vollzählig in Düsseldorf versammelt und Otto Pankok trat eine Professur an der Kunstakademie an. Hulda Pankok konzentrierte sich nach der Einstellung des Verlagsbetriebes auf die Politik. Im März 1951 gründete sie die »Deutsche Frauenpartei«, die sich für die Friedenssicherung und mehr Frauenrechte einsetzte. Als Parteivorsitzende rief Hulda Pankok die deutschen Mütter auf, ihre Söhne vor einem neuen Krieg zu bewahren. Außerdem prangerte sie an, dass die nach dem Krieg mehrheitlich weibliche Bevölkerung mit einem Anteil von nur 10 % Mandatsträgerinnen im Bundestag stark unterrepräsentiert war.

1958 wurde Otto Pankok aus dem Hochschulbetrieb entlassen. Die Familie verlegte ihr gastfreundliches Haus nun von Oberkassel an den Niederrhein, wo sie sich im Haus Esselt in Hünxe einrichteten. Nach dem Tod des Malers 1966 bauten Hulda und Eva Pankok dort ein Museum mit seinen Werken auf. Hulda Pankok leitete das

Haus von der Eröffnung 1968 bis zu ihrem Tod. »Ich habe nicht in seinem Schatten gestanden, ich stand in seinem Licht«, resümierte sie ihr Leben an der Seite des Künstlers. Nach dem Tod der Tochter, Malerin Eva Pankok 2016 hält die 1977 gegründete Otto Pankok Stiftung die Erinnerung an die »drei Eulen« wach.

Für das Verstecken des Düsseldorfer Künstlerpaares Barz in ihrem Unterschlupf in der Eifel wurden Hulda und Otto Pankok posthum als »Gerechte unter den Völkern« geehrt – die größte Auszeichnung, die Nichtjuden vom israelischen Staat erhalten können.

»Als wir herausschauten, standen draußen der Maler Mathias Barz und seine jüdische Ehefrau. Sie hatten keine Herberge gefunden. … Da fiel dem armen Barz ein: Pankok wird uns nicht weiterschicken, der nimmt uns auf …«

Quellen:
Hans-Dieter Arntz: Der Maler Otto Pankok als Lebensretter im Dritten Reich. Ein Beitrag zur Judenverfolgung in der Eifel. In: Eifel-Jahrbuch 2012, S. 71–81.
Ariane Neuhaus-Koch (Hg.): Dem Vergessen entgegen. Frauen in der Geistesgeschichte Düsseldorfs. Lebensbilder und Chroniken. Dokumentation einer Ausstellung des Frauen-Kultur-Archivs. Neuss 1989.
Eva Pankok: Hulda Pankok 1895–1985. Hg. von der Otto Pankok Stiftung, Haus Esselt. Hünxe 1985.
Eva Pankok: Hulda Pankok. Ein erfülltes Leben. In: Ariane Neuhaus-Koch (Hg.): Der eigene Blick. Frauengeschichte und -kultur in Düsseldorf. Neuss 1989, S. 203–218.

ERNA ECKSTEIN-SCHLOSSMANN

28.06.1895–19.03.1998

Düsseldorfer Adresse: Flingern, Freytagstraße 38;
Wohnungen Oststraße und Brehmstraße zerstört
In Düsseldorf von 1906 bis 1935 und 1950 bis 1954

Das »Doktorfräulein«

Beim Eintreten nehmen die Gäste des »Goldenen Kessels« in der Bolker Straße die Inschrift über dem Eingang meist nicht wahr. Die Plakette erinnert daran, dass sich 1919 hier in der Gaststube fünfundzwanzig Medizinstudenten zusammensetzten, um zu beratschlagen, wie sie ihr meist durch den Krieg unterbrochenes Studium nun daheim in Düsseldorf weiterführen könnten. Professor Arthur Schlossmann, Leiter der städtischen Kinderklinik, wurde von den Studenten für die Verhandlungen mit der Politik gewonnen. Noch im selben Jahr erreichte er die Wiederaufnahme des Lehrbetriebes in der 1907 eröffneten Düsseldorfer Akademie für Praktische Medizin, deren offizielle Gründung als Hochschule jedoch erst 1923 erfolgte. Zu dem Kreis der Studierwilligen gehörte auch die Tochter des Professors, die damit eine der Gründungsstudentinnen der heutigen Heinrich-Heine-Universität war, welche 1965 aus der Akademie hervorging. 1988 wurde die Medizinerin hochbetagt zur Ehrensenatorin der Hochschule ernannt.

Ihre ersten Lebensjahre verbrachte Erna Schlossmann in Dresden, wo ihr Vater 1892 das erste deutsche Säuglingsheim gegründet hatte und als Professor an der technischen Hochschule lehrte. Mit seiner Berufung an die Düsseldorfer Akademie für Praktische Medizin zog die Familie ins Rheinland um. Erna Schlossmann besuchte die Luisenschule und gehörte 1915 zu den ersten Düsseldorfer Mädchen, die Abitur machen konnten.

Ihr Vater hatte bereits der Sechsjährigen prophezeit: »Du wirst mal ein Doktorfräulein.« Tatsächlich entschied sie sich für ein Medizinstudium in Heidelberg und hatte 1918 das erste Staatsexamen in der Tasche. Nach der Fortsetzung des Studiums in Düsseldorf promovierte sie 1920 und erhielt schließlich 1921 die Zulassung als Kinderärztin. Bis 1926 leitete sie den medizinischen Bereich des Auguste-Victoria-Hauses in der Blumenthalstraße 12 in Düsseldorf, einer Pflegeeinrichtung für Babys und Kleinkinder.

1926 unterstützte sie ihren Vater, der die GESOLEI, die große Ausstellung für »Gesundheit, Sozialfürsorge und Leibesübungen«, im Ehrenhof initiierte und mit organisierte. Auf dem Gelände ließ Professor Schlossmann von Mai bis Oktober ein modernes Kinderheim als Mustersäuglingshaus einrichten, dessen ärztliche Leitung seine Tochter übernahm.

Bei einer Tagung in Innsbruck 1924 machte ein Kollege Erna Schlossmann und Albert Eckstein miteinander bekannt und zog sich bald diskret zurück. »Wo und wie Rosenbaum verschwand, wussten wir beide hinterher nicht mehr, wir hatten nur noch Sinn füreinander.« Ernas Vater hatte den jungen Doktor als Oberarzt für sei-

»Eigentlich bin ich nirgendwo zu Hause. Dresden, die Stadt meiner frühen Kindheit, ist zerstört, in Düsseldorf habe ich die Nazizeit erlebt; am glücklichsten war ich in der Türkei ...«

»Während andere Kinder mit Püppchen spielten, übte ich eben mit lebenden Säuglingen.«

ne Kinderklinik im Visier, der die Stelle sicherlich nicht nur aus beruflichem Interesse im April 1925 antrat. In der Folgezeit traf sich das Paar regelmäßig und verlobte sich heimlich. Die befreundete Louise Dumont schickte hingerissen vom jungen Glück einen Blumengruß und brachte Erna damit in Verlegenheit. Nach den folgenden familiären »Geständnissen« heiratete das Paar noch im selben Jahr. Der erste von drei Söhnen wurde 1926 geboren. Er trat später in die Fußstapfen seiner Eltern und wurde ebenfalls Kinderarzt – in dritter Generation.

Albert Eckstein erhielt 1926 eine Professur und wurde schließlich Nachfolger seines Schwiegervaters als Direktor der Kinderklinik. Nach der Geburt des zweiten Sohnes zog sich Erna Eckstein-Schlossmann 1928 aus dem aktiven Beruf zurück und unterstützte die Forschungen ihres Vaters.

Die Tage des Ärztepaares in Düsseldorf waren jedoch gezählt, da beide jüdische Wurzeln hatten. Direktor Eckstein wurde 1935 abgesetzt und die ganze Familie folgte ihm schließlich ins türkische Exil. Er übernahm eine Professur an der Universität Ankara und leistete Pionierarbeit in der Kinderkrankenpflege. Wie zuvor schon in Düsseldorf erwies sich Erna Eckstein-Schlossmann auch hier als Meisterin im Pflegen von Kontakten zu den kollegial verbundenen anderen »Exilanten« oder

zu Diplomaten und türkischen Politikern, die ihre Kinder zur Behandlung brachten. Zum engen Freundeskreis gehörte der spätere Berliner Bürgermeister Ernst Reuter, dessen Sohn »Etzi« – der spätere Daimlerchef Edzard Reuter – Spielkamerad der Eckstein-Söhne wurde.

1948 – die Söhne studierten in England – kam das Paar erstmals nach Deutschland zurück und machte zwei Wochen in der alten Heimat Düsseldorf Station, um die noch 1933 geplante Einweihung einer Erinnerungsplakette für Arthur Schlossmann als »Retter der Kinder« nachzuholen. Die nun in Düsseldorf, der Stadt der Schmach, angebotene Professur lehnte Eckstein ab. Er nahm erst Anfang 1950 den Ruf der Hamburger Universität an, verstarb jedoch im Sommer überraschend.

Plötzlich allein kehrte Erna Eckstein-Schlossmann zunächst nach Düsseldorf zurück, wo sie wieder wissenschaftlich arbeitete und sich für den Aufbau eines Hygienemuseums nach Dresdner Vorbild einsetzte. 1954 wurde sie zurück nach Ankara berufen, um an der Universität ein modernes Kinderkrankenhaus aufzubauen. Für ihre neuen Managementaufgaben »studierte« sie Verwaltung und Organisation des Krankenhaus-

»Wir hätten uns kein besseres Land aussuchen können … als die Türkei. Nach unseren Reisen in die verschiedensten Provinzen war der Name Eckstein überall bekannt, denn in den meisten Orten oder kleinen Städten war vorher nie ein Arzt gewesen.«

betriebes am vertrauten Düsseldorfer Klinikum. Damit setzte sie eine heimliche Leidenschaft fort, hatte sie doch kurz vor dem Examen noch überlegt, das Anatomiekabinett mit dem volkswirtschaftlichen Hörsaal zu tauschen. Im »Unruhe-Stand« siedelte sie 1963 nach Cambridge in die Nähe ihrer Söhne um. Bis zu ihrem Tod blieb die Zeugin des Jahrhunderts immer »auf Achse«, begann ein Seniorenstudium und genoss es, um die halbe Welt zu reisen. Im November stand jedoch immer eine Reise nach Düsseldorf auf dem Programm. Sie besuchte den »Goldenen Kessel«, wo die Düsseldorfer Universitätsgeschichte begann, und schaute sich in der Altstadt den Martinszug an, letztmals mit einhunderteins Jahren 1996.

Quellen:
Hannelore Becker: »Du wirst mal ein Doktor-Fräulein«. Interview mit Erna Eckstein-Schlossmann. In: Düsseldorfer Hefte 34 (1989), S. 8–9.
Bärbel Broer: Nachruf auf Dr. Erna Eckstein-Schlossmann. Ehrensenatorin starb in Cambridge. Heinrich-Heine-Universität, 23. März 1998 (www.uni-duesseldorf.de).
Erna Eckstein-Schlossmann: »Eigentlich bin ich nirgendwo zu Hause«. Hg. von Lorenz Peter Johannsen. Berlin 2012.
Findbücher des Universitätsarchivs Düsseldorf, Nr. 17: Nachlass Albert Eckstein und Erna Eckstein Schlossmann. Bearb. von Karoline Riener.
Sonja Kropp et al.: 100. Geburtstag von Erna Eckstein-Schloßmann. »Eigentlich bin ich nirgendwo zu Hause …«. In: Deutsches Ärzteblatt 92, Heft 33 (1995), S. A-2202 bis A-2204.

ROSE AUSLÄNDER

11.05.1901–03.01.1988

Düsseldorfer Adressen: Stadtmitte, Pension Cordes, Gustav-Poensgen-Straße 9;
Stockum, Nelly-Sachs-Haus, Nelly-Sachs-Straße 5
In Düsseldorf von 1965 bis 1988

Heimatlose Jahrhundertlyrikerin

Dass die in ihrer Jugend entwurzelte ewige Exilantin Rose Ausländer ihren Lebensabend ausgerechnet in Düsseldorf verbringen würde, hätte sie selbst wohl am wenigsten gedacht. Eine neue Heimat hatte sie hier nicht gefunden, mit ihrer ganzen Habe – einem Dutzend Koffer voller Papier – ist sie trotzdem geblieben. In ihren rund zwanzig Düsseldorfer Jahren schuf sie ein beachtliches Alterswerk und erhielt als Fünfundsechzigjährige, nach einem halben Jahrhundert des Schreibens, endlich die Anerkennung als große Lyrikerin.

Die glückliche Kindheit der Rosalie Beatrice Scherzer in Czernowitz, der Landeshauptstadt der Bukowina, hatte während des Ersten Weltkrieges mit der Flucht der Familie nach Wien ein jähes Ende gefunden. Auf Wunsch des Vaters absolvierte Rosalie eine Handelsschule, die sie mit einem exzellenten Gesellenbrief 1918 verließ. Damals schrieb sie sich bereits ihr Heimweh von der Seele, diese frühen Gedichte sind jedoch nicht erhalten.

Nach der Rückkehr der Familie 1919 in das nun rumänische Czernowitz schloss sich Rose in der intellektuellen Stadt einem philosophischen Zirkel an und belegte als Gasthörerin Philosophie- und Literaturkurse an der Universität. Nach dem Tod des Vaters 1920 sah sich die Mutter offensichtlich noch imstande, für sich und den kleinen Sohn Max zu sorgen. Die erwachsene Tochter sollte jedoch ihr Glück in Amerika suchen.

Mit dem Gefühl, von der Mutter verstoßen zu wer-

den, machte sie sich Anfang 1921 in die Neue Welt auf. Begleitet wurde sie von einem Studienfreund, Ignaz Ausländer. 1923 heirateten sie in Manhattan. Dank ihrer soliden Ausbildung fand Rose Ausländer in New York eine Stelle als Fremdsprachensekretärin. Parallel schrieb sie Gedichte und veröffentlichte die ersten Texte in deutschsprachigen Zeitungen.

Nach Erhalt der amerikanischen Staatsbürgerschaft konnten beide Ende 1926 endlich für einen Familienbesuch in die alte Heimat reisen. Dort lernte Rose den ebenfalls verheirateten Graphologen Helios Hecht kennen, die Liebe ihres Lebens. Ende 1928 reiste das Paar zusammen nach New York, wo Rose ihre Scheidung in die Wege leitete, die 1930 vollzogen wurde. In diesen New Yorker Jahren erreichten ihre Texte in deutschsprachigen Zeitungen erstmals ein Millionenpublikum.

Um die kranke Mutter zu pflegen, brach Rose Ausländer 1931 ihre Zelte in Amerika wieder ab und kehrte mit Helios Hecht nach Czernowitz zurück. Aufgrund der Wirtschaftskrise fand sie keine einträgliche Arbeit und bemühte sich stattdessen um Publikationsmöglichkeiten in Czernowitzer Blättern. Als Kummertante »Frau Ruth« versorgte sie die Leser der Zeitung *Der Tag* regelmäßig mit Ratschlägen zu allen Lebenslagen.

Da Hechts Ehefrau nicht in eine Scheidung eingewilligt hatte, zog das Paar 1934 in die Hauptstadt Bukarest, die ihnen Anonymität gewährte. Noch im gleichen Jahr reiste Rose zur Wahrung der amerikanischen Staatsbürgerschaft in die USA. Während ihrer Abwesenheit gab Helios Hecht bisher unveröffentlichte Gedichte nebst einer Charakterstudie seiner Lebensgefährtin heraus. Außer sich über diesen Vertrauensbruch setzte Rose ihren Geliebten sofort vor die Tür, »entliebt« hat sie sich jedoch nie.

1937 verlor sie ihren Status als US-Bürgerin. Amerikanische Freunde setzten alle Hebel für ein Visum in Bewegung. Mit Ausbruch des Krieges 1939 gelang die Reise über den großen Teich, im Gepäck ihren kurz zuvor erschienenen ersten Gedichtband Der Regenbogen, der als Werk einer Jüdin kein Publikum mehr gefunden hatte.

Kaum in New York erreichte sie ein neuer Hilferuf ihrer kranken Mutter. Allen Warnungen zum Trotz gab sie den sicheren Ort zugunsten von Czernowitz auf. 1940 fiel die Stadt in die Hände sowjetischer Truppen, Rose Ausländer wurde als angebliche US-Spionin verhaftet und erst nach vier Monaten wieder aus dem Gefängnis entlassen. Ein Jahr später hatte die SS die Stadt eingenommen. In kürzester Zeit richteten die mit Hitlerdeutschland verbündeten Rumänen ein Ghetto für die sechzigtausend jüdischen Czernowitzer ein, drei Viertel von ihnen wurden deportiert. Bis 1943 schützte Rose Ausländer eine Arbeitserlaubnis aufgrund von Beziehungen aus der Bukarester Zeit, dann musste sie mit der Mutter wieder untertauchen. Im Frühjahr 1944 kamen die Sowjettruppen zurück. Mit einer Beschäftigung in der Bibliothek, die mehr Angestellte als Bücher gehabt haben soll, entging Rose Ausländer dem Gulag.

Nach Kriegsende verließ die Familie Scherzer mit vielen anderen endgültig ihre Heimat. Durch eine Bürgschaft amerikanischer Freunde konnte Rose Ausländer – als einzige ihrer Familie – in die USA zurückkehren. Der Tod ihrer Mutter 1947 im fernen Rumänien brachte bei Rose Ausländer nach den rastlosen, entbehrungsreichen

Jahren das Fass zum Überlaufen, ein halbes Jahr benötigte sie nun selbst ärztliche Hilfe.

1948 hatte sie sich von ihrem Zusammenbruch so weit erholt, dass sie wieder schreiben konnte. Die Verse sprudelten jedoch nicht mehr in Deutsch. Mit Dichtungen in der Landessprache bot sich auch die Perspektive auf ein größeres Lesepublikum.

1956 nahm sie an der New Yorker City Writers Conference teil, die von der etablierten amerikanischen Lyrikerin Marianne Moore geleitet wurde. Diese sprach ihr den Preis für das beste Gedicht aller Seminarteilnehmer zu und motivierte sie, wieder in Deutsch zu schreiben. Mit der Rückkehr zur Muttersprache entschloss sich Rose Ausländer zu einer Europareise. So traf sie sich 1957 in Paris mehrmals mit dem Czernowitzer Paul Celan, der sie in ihrem neuen reimlosen Schreibstil bestärkte.

Mit der Pensionierung Ende 1961 blieb ihr mehr Zeit zum Schreiben. 1963 durfte ihr Bruder mit seiner Familie endlich aus Rumänien ausreisen, sie sah ihn nach siebzehn Jahren erstmals wieder. Ohne weiteren Grund, länger in Amerika zu bleiben, kehrte Rose Ausländer nach Wien in den deutschsprachigen Raum zurück. Doch nach antisemitischen Anfeindungen »flüchtete« sie im März 1965 nach Düsseldorf. Mit den hier versammelten Czernowitzern, streng religiösen Juden, wurde sie jedoch nicht warm. Deshalb nutzte sie die Stadt nur als zentral gelegenes Basislager für ausgedehnte Reisen zu Freunden, zu Lesungen und Kongressen. Dank ihrer sich durch den günstigen Kurswert vergrößernden Betriebsrente und einer Entschädigung durch den deutschen Staat verfügte sie erstmals in ihrem Leben über ein finanzielles Polster.

»Warum ich schreibe? Vielleicht, weil ich in Czernowitz zur Welt kam, weil die Welt in Czernowitz zu mir kam.«

Die »Ochsentour« ihrer Lesereisen zahlte sich bei der Vermarktung ihres zweiten, 1965 erschienenen Gedichtbands *Blinder Sommer* aus. 1967 erhielt sie den renommierten Meersburger Droste-Preis. 1968 floh sie vor dem zunehmenden Rummel noch einmal für ein Jahr zur Familie in die USA. Nach einem Oberschenkelhalsbruch 1972 tauschte sie ihre Pension am Bahnhof gegen das Nelly-Sachs-Haus, das Pflegeheim der jüdischen Gemeinde. Dort trieb sie 1975 der junge Verleger Helmut Braun auf, der ihren Gedichtbänden ein breiteres Publikum bescherte und schließlich mit ihr an einer Gesamtausgabe arbeitete. Angesichts des wieder aufflammenden medialen Interesses verbreitete sie 1977 die »Mär« ihrer Bettlägerigkeit und richtete sich in ihrer selbst gewählten »Matratzengruft« mit Blick auf ihren »grünen Nachbarn« Nordpark häuslich ein. Sie arbeitete wie eine Besessene, um das gelebte Leben in Versform festzuhalten. Ihre Kraft reichte noch für acht Schaffensjahre, dann versiegte ihre Versquelle, alles war aufgeschrieben. Ihre letzte Ruhestätte fand sie 1988 auf dem Nordfriedhof.

Quellen:
Helmut Braun: Ich bin fünftausend Jahre jung. Rose Ausländer. Zu ihrer Biographie. Stuttgart 1999.
Katharina Schubert und Helmut Braun: Der Traum lebt mein Leben zu Ende. Das Leben der Dichterin Rose Ausländer. Dokumentarfilm und Begleitbuch. Berlin 2012.
Eigenes Gespräch mit Helmut Braun, Verleger und Nachlassverwalter von Rose Ausländer, im Januar 2016.

LUISE RAINER

12.01.1910–30.12.2014

Düsseldorfer Adresse: Düsseltal, Uhlandstraße 43
In Düsseldorf 1910 und von 1927 bis 1931

Hollywoodstar für tausend Tage

Luise Rainer war die erste Person, die das Glanzstück vollbrachte, in zwei aufeinanderfolgenden Jahren einen Schauspiel-Oscar zu gewinnen. Bisher ist es niemand aus der deutschen Darstellergilde mehr gelungen, auch nur einen Goldjungen für eine Hauptrolle zu bekommen. Das hinderte die Schauspielerin später nicht daran, die zweite Trophäe als Türstopper zu ramponieren und einem Möbelpacker zu schenken. Doch die »Academy of Motion Picture Arts and Sciences« überließ ihr eine Ersatzstatue.

In Düsseldorf geboren, verbrachte Luise den größten Teil ihrer Kindheit mit ihren beiden Brüdern in Hamburg. Dorthin hatte der Kaufmann Heinrich Rainer seinen Wohnsitz verlegt, nachdem er von erfolgreichen Geschäften in Amerika zurückgekehrt war. Während längerer Geschäftsreisen der Eltern wurden die Kinder zu den Großeltern in Obhut gegeben, denen in Krefeld eine Seidenmanufaktur gehörte.

Unter dem Vorwand, eine Tante zu besuchen, büxte der sechzehnjährige »Backfisch« nach Berlin aus. Als sie bei Max Reinhardt vorsprach, fehlten ihr vor Aufregung die Worte – doch ohne Text keine Rolle. Kurz darauf versuchte sie ein zweites Mal ihr Glück, quartierte sich bei der Großmutter in Krefeld ein und fragte bei Louise Dumont in Düsseldorf an. Sie konnte die Theaterleiterin überzeugen und wurde 1927 an deren Bühnenakademie aufgenommen. Ein Jahr später unter-

zeichnete Vater Rainer wohl zähneknirschend auch den ersten Anstellungsvertrag der noch nicht volljährigen Jungschauspielerin. Diese revanchierte sich trotz zunehmend größerer Rollen und steigender Gagen mit »Allüren«. Sie schwänzte mit Kollegen lästige Proben, störte Aufführungen oder war wegen zertanzter Nächte plötzlich unpässlich. Intendant Lindemann mahnte sie mehrmals ab, die Eltern mussten die Wogen glätten. Trotzdem hielt das Theaterpaar an seinem »Rohdiamanten« fest und verlängerte Luises Verträge: Bis zum Sommer 1931 konnten die Düsseldorfer das junge Talent im Schauspielhaus erleben, wo sie in Stücken von Ibsen, Lessing oder Molière zu sehen war.

Nun klopfte der große Max Reinhardt seinerseits bei Luise Rainer an und holte sie 1931 nach Wien. Er hatte sie bei einem Gastspiel in einem Stück von Pirandello gesehen und voller Bewunderung gefragt: »Rainer, wie haben Sie das gemacht?« Was die Schauspielerin rückblickend als »das größte Kompliment« empfand, »dass ich jemals bekommen habe, besser als jeder Academy Award«. In dieser Zeit drehte sie auch die ersten Filme, hielt sich aber weder für hübsch noch begabt genug für einen Leinwandstar.

Mit der Machtergreifung der Nazis änderte sich ihre Situation. Aufgrund ihrer jüdischen Wurzeln war Wien für sie kein sicherer Platz mehr. Nach dem Unfalltod ihres damaligen Liebhabers war die Zeit ohnehin reif für einen Tapetenwechsel.

1934 sah sie ein Talentscout des großen MGM-Studios auf der Bühne, das auch Greta Garbo unter Vertrag hatte. Der Agent bot ihr an, nach Amerika zu kommen. Sie ergriff die einmalige Gelegenheit beim Schopf, alles

»Das Einzige, woran ich dachte, war, gute Arbeit zu machen. Ich hatte keine Ahnung, was ein Academy Award ist.«

hinter sich zu lassen und das »Land der unbegrenzten Möglichkeiten« zu sehen. Doch zunächst standen Englischlektionen auf dem Plan – sie verstand kaum ein Wort –, bevor sie als »neue österreichische Garbo« Hollywood erobern konnte. Nur von ihrem Scotchterrier begleitet bestieg sie schließlich im Januar 1935 ein Schiff in Le Havre mit Kurs auf New York – ihren fünfundzwanzigsten Geburtstag feierte sie an Bord.

Bereits der erste Film, *Escapade,* wurde ein Erfolg. In ihrem zweiten Film 1936 zog sie in der Rolle der geschiedenen Frau eines Broadway-Produzenten alle Register. Die Rolle der Anna Held in *Der große Ziegfeld* brachte ihr den Spitznamen »Wiener Träne« ein – sie konnte von einer Sekunde auf die andere vom schallenden Lachen in Tränen ausbrechen – und 1937 den ersten Oscar.

Für ihre zweite Trophäe im folgenden Jahr spielte sie die Garbo als Kameliendame an die Wand. Doch ihre gefeierte Darstellung der chinesischen Bäuerin »O-Lan« in *Die gute Erde* stellte schon den Zenit ihrer kurzen Hollywood-Karriere dar. Kurz zuvor war der Produzent Irving Thalberg gestorben, der bisher für ihre Rollen verantwortlich gewesen war. Studioboss Mayer wollte sie fortan auf »Herz-Schmerz-Rollen« festlegen, die folgenden Textbücher lehnte Luise Rainer alle ab. »Das Mädel ist ein Frankenstein, sie ruiniert noch unsere ganze Fir-

ma«, soll Mayer gepoltert haben. Dem Filmmagnaten war es außerdem ein Dorn im Auge, dass sie Hals über Kopf Anfang 1937 den kommunistischen Drehbuchschreiber Clifford Odets geheiratet hatte. 1938 kam es zum Bruch mit MGM. Nach nur drei Jahren und acht Filmen fand die steile Karriere der erst Achtundzwanzigjährigen in der amerikanischen Traumfabrik ein genauso jähes Ende. Die schwierige Ehe hielt noch zwei Jahre länger.

In den Folgejahren spielte sie wieder Theater. Doch ihre Popularität als Filmstar wusste sie auch anders zu nutzen. Für Hemingway gab sie Benefizveranstaltungen, um seine Aktionen im Spanischen Bürgerkrieg zu unterstützen. Albert Einstein half sie, jüdische Flüchtlinge nach Amerika zu holen. Für Bert Brecht bürgte sie, als er in die USA emigrieren wollte. Der bot ihr zum Dank eine Rolle im *Kaukasischen Kreidekreis* an, die ihr jedoch nicht zusagte.

Zur Ruhe kam sie erst, als sie den Schweizer Verleger Robert Knittel kennenlernte, die Liebe ihres Lebens. Nach der Heirat 1945 und der Geburt der Tochter Francesca ein Jahr später zog die Familie nach Europa und lebte abwechselnd in London und in der Schweiz. Damit gab Luise Rainer auch ihre Theaterkarriere am Broadway auf, sie war nur noch sporadisch in kleinen TV-Produktionen zu sehen. Zu anspruchsvoll waren ihre Vorstellungen von einer guten Rolle. So gab sie auch Federico Fellini einen Korb, der sie für *La Dolce Vita* be-

»Du musst Deine Rolle im Nachthemd spielen können.«

setzen wollte. Eine Bettszene kam für Luise Rainer nicht infrage, schon gar nicht mit Marcello Mastroianni. Nicht nach ihrem Geschmack war auch *Die Glasmenagerie* von Tennessee Williams, der damit am Broadway einen großen Erfolg feierte.

Ihre kreative Energie lebte sie deshalb wie in Kindertagen in der Malerei aus und studierte Kunst an einem Londoner Institut. Mit ihren Gemälden und Collagen bestritt sie eigene Ausstellungen und wurde selbst eine leidenschaftliche Kunstsammlerin. Nach dem Tod ihres Mannes 1989 gab sie den Schweizer Wohnsitz auf und zog mit seiner Urne endgültig nach London. Als Sechsundachtzigjährige stand sie noch einmal vor der Kamera für eine Rolle in der Verfilmung von Dostojewskis *Spieler.* Mit dreiundneunzig Jahren nahm sie zum letzten Mal an einer Oscarverleihung teil. Mit hunderteins Jahren bestieg sie noch einmal ein Flugzeug nach Berlin, um sich bei der Einweihung ihres Sterns auf dem dortigen Boulevard der Stars feiern zu lassen. Auf dem originalen Walk of Fame in Los Angeles ist sie seit 1960 verewigt. Seit 2013 erinnert ein Bronzestern vor dem Düsseldorfer Filmmuseum an ihre außergewöhnliche Karriere. Ihr Lebensstern verglühte kurz vor ihrem einhundertfünften Geburtstag.

Quellen:
Archiv Theatermuseum Düsseldorf, Nachlass Schauspielhaus Düsseldorf.
Michael Kernan: Life fell apart at 24 for Luise Rainer. In: Milwaukee Sentinel, 20. Juli 1982.
Luise Rainer. A celebration of her life and work (luiserainer.net).
Peter-Philipp Schmitt: Oscar-Gewinnerin Luise Rainer. Deutschland hat den Superstar. In: Frankfurter Allgemeine Zeitung, 23. Februar 2008.

ELISABETH TRUBE-BECKER

04.01.1919–01.02.2012

Düsseldorfer Adressen: Stadtmitte, Königstraße; später Neuss, Am Strauchbusch; Wirkungsstätte: Institut für Rechtsmedizin der Heinrich-Heine-Universität, Moorenstraße 5
In Düsseldorf von 1919 bis 1942 und 1945 bis 1984

Anwältin der toten Kinder

»Präparieren mussten wir noch im ersten und dritten Semester. Zur Vorbereitung, ich hatte noch nie eine Leiche gesehen, bin ich einen Tag bevor der Kurs beginnen sollte, allein in den Präpariersaal geschlichen und habe mir das Umfeld, das jeden Vormittag von 7 bis 13 Uhr meine Bleibe werden sollte, angesehen.« Ganz schön abgebrüht, das Fräulein, das weder vor Blut noch Leichen zurückschreckte. Mit achtzehn Jahren, direkt nach dem Abitur, hatte sich die Düsseldorferin nach Freiburg aufgemacht – nicht um den Traumprinzen in einem Bächle zu ergattern, sondern um Medizin zu studieren. Dass die Juristentochter statt einer schwarzen Robe lieber einen weißen Kittel überstreifen wollte, stand für sie bereits seit Kindesbeinen fest, als sie zusammen mit ihren Geschwistern ihre »Patientenpuppen« pflegte.

Zunächst hatte Elisabeth Krankenschwester werden wollen, doch während eines Krankenhausaufenthaltes änderte sich das Weltbild der Neunjährigen. Sie beobachtete, wie ein junger Volontärarzt eine erfahrene Schwester herumkommandierte. Dies missfiel ihr derart, dass sie beschloss, lieber selbst Medizin zu studieren.

Mit dem Vorphysikum aus Freiburg in der Tasche setzte sie ihr Studium in Königsberg (heute Kaliningrad) fort. In Ostpreußen wäre sie gern länger geblieben, doch der Ausbruch des Zweiten Weltkrieges machte diesen Plan zunichte. Ihre Kommilitonen hatten Königsberg bereits im Sommer fluchtartig verlassen, sie setzte sich je-

doch in den Kopf, bis zum Physikum zu bleiben. Aufgrund der brenzligen Situation meldete sie sich kurzerhand ein Semester früher zu den Prüfungen an und bestand diese im September 1939 mit dem berühmten Mut zur Lücke.

Für das Studium der klinischen Fächer konnte sie nach Düsseldorf zurückkehren. Die Medizinische Akademie durfte damals noch keine Studienanfänger aufnehmen. Trotz der Einschränkungen während des Krieges absolvierte sie ihre Praxisstationen und schrieb an ihrer Dissertation. Mit dreiundzwanzig Jahren bestand sie im Sommer 1942 ihr Examen. Direkt darauf wurde das frischgebackene Fräulein Doktor an ein Krankenhaus in Bückeburg »dienstverpflichtet« und trat dort als Allgemeinmedizinerin und Chirurgin ihre erste Stelle an. Nach dem Krieg zog es sie wieder in ihre Heimatstadt zurück.

Aufgewachsen war die Ärztin in einer Juristenfamilie, die ein »altmodisch gebautes« großes Haus an der Königstraße zwischen Johanneskirche und Königsallee bewohnte. Mit ihrer Zwillingsschwester und den zwei jüngeren Brüdern tobte sie mit Rollschuhen und Puppenwagen durch die Flure und schmökerte im Arbeitszimmer des Vaters heimlich in noch verschlossenen Büchern. Bei einem Bombenangriff 1943 wurde ihr Elternhaus getroffen und brannte bis auf die Grundmauern nieder, die Eltern siedelten nach Duisburg-Hamborn über.

Eine neue Stelle an der Hautklinik der Akademie war ihr offensichtlich zu unspektakulär. Deshalb absolvierte sie – als eine von lediglich zwei Frauen belächelt – einen Amtsarzt-Kurs. Anfang 1948 hatte ihr früherer Professor Böhmer am Institut für Gerichtliche und Soziale Medizin der Medizinischen Akademie eine Stelle zu be-

»Ich bin in Düsseldorf geboren und behaupte, eine der wenigen ›echten‹ Düsseldorfer zu sein, denn nicht nur meine beiden Eltern sind in Düsseldorf geboren und aufgewachsen, sondern auch meine vier Großeltern und die acht Urgroßeltern. Das Düsseldorfer Original Pastör Gäsch – Gerst – war mein Ururgroßonkel.«

setzen. Sie ergriff die Gelegenheit beim Schopf und so wurde das rechtsmedizinische Institut für lange Jahre ihre Domäne. Als einzige Ärztin im ausschließlich männlichen Kollegenkreis wiederum staunend beäugt, ermunterte Böhmer sie, ihre Forschungen mit einer Habilitation abzuschließen, obwohl die Karriere als Hochschullehrer für eine Frau bis dato nicht vorgesehen war. Trotz einigen Widerstands der »Altherrenrunde« in der Akademie hielt »Frl. Dr. Becker« am 30. Mai 1951 ihre Antrittsvorlesung. Achtundzwanzig der dreißig Prüfer, die zuvor flugs noch eine geheime Wahl eingeführt hatten, konnte sie überzeugen. Damit war die Zweiunddreißigjährige die erste Frau in Deutschland, die die Venia legendi für Rechtsmedizin erhielt. Im gleichen Jahr wurde sie zur Oberärztin befördert. Trotz dieser Anerkennung musste sie noch bis 1958 warten, bis ihr auch der Professorentitel zuerkannt wurde. Die Gutachter – in ihrem Fall waren extra drei statt der üblichen zwei

eingesetzt worden – hatten offenbar sehr gründlich nachdenken müssen, bis sie zu ihrem Abschlussurteil gelangten.

Elisabeth Beckers klarer Lebensplan geriet etwas ins Wanken, als sie sich fast schlagartig in eine Großfamilie versetzt sah: Silvester 1954 hatte sie, »gegen meine Grundsätze verstoßend«, den Juristen Günter Trube geheiratet, 1955 und 1957 wurden die beiden eigenen Töchter geboren und 1958 kamen noch fünf Stiefkinder ins Haus, »die viel Leben, Unruhe, aber auch Freude mit sich brachten«. Zur zentralen Figur des Familienunternehmens wurde schließlich die Haushälterin, die den »Laden« bei den voll berufstätigen Eltern zusammenhielt. Dennoch blieben die Abende der Ärztin für die Familie reserviert. Erst wenn alles schlief, setzte sich Elisabeth Trube-Becker oft noch an den Schreibtisch und versuchte, ihre tagsüber im Institut gewonnenen Erkenntnisse festzuhalten.

Ihr Mentor Professor Böhmer hatte ihr eine Spezialisierung auf Gewalttaten an Kindern ans Herz gelegt, doch sie hatte sich zunächst nicht darauf festlegen wollen und legte Wert darauf, alle Bereiche der gerichtlichen und sozialen Medizin abzudecken. Ein dreijähriger Junge auf dem Obduktionstisch gab schließlich den Anstoß, sich doch eingehender mit Misshandlungen von Kindern und auch von Frauen zu beschäftigen. Bereits Ende der Fünfzigerjahre setzte Elisabeth Trube-Becker durch, dass alle Kinder mit ungeklärter Todesursache rechtsmedizinisch untersucht wurden. Obwohl ihr Kollegen Übertreibung vorwarfen, wurde sie nicht müde, insbesondere Kinderärzte, Psychologen und Juristen für dieses Thema zu sensibilisieren. Bis zu ihrer Pensionie-

»Wie sehr eine Familie einen in Anspruch nimmt und an Arbeiten und Forschungen zu hindern geeignet ist, habe ich selbst erfahren. Ich weiß nicht, ob ich eine Habilitation zu dem Zeitpunkt noch geschafft hätte.«

rung 1984 wurde sie von Gerichten häufig als Gutachterin angefordert, als Expertin war sie international gefragt und ihre publizierten Forschungsergebnisse sind zu Standardwerken geworden.

Ihre eigenen Kinder wuchsen behütet auf und konnten sich frei entfalten. Zufrieden stellte sie fest: »Aus allen ist etwas geworden.« Eine Tochter scheint sogar den Drang der Mutter geerbt zu haben, als Frau in eine Männerdomäne einzubrechen. 1993 war Sabine Trube die erste »Flugkapitänin« der LTU und steuert seitdem eine Boeing 767 auf Interkontinentalflügen.

Quellen:
Heike Haarhoff: Das menschliche Maß. In: taz. die tageszeitung, 22. Februar 2007.
Elisabeth Trube-Becker: Gelebtes Leben. Lebenserinnerungen einer Ärztin für Rechtsmedizin. Hamburg 2000.
Rolf Willhardt: In Memoriam Prof. Dr. Elisabeth Trube-Becker: Deutschlands erste Professorin für Rechtsmedizin. Heinrich-Heine-Universität, 2. Februar 2012 (www.medizin.hhu.de).

LORE LORENTZ

12.09.1920–22.02.1994

Düsseldorfer Adresse: Oberkassel, Bardelebenstraße 3
In Düsseldorf von 1946 bis 1994

Frau Kom(m)ödchen – die Grande Dame des Kabaretts

Es scheint, was ins Universum der Lore Lorentz gehörte, musste unbedingt mit K beginnen: Kinder, Küche, Kay und Kom(m)ödchen. Sogar die Familienkutsche war ein Kapitän aus dem Opelwerk. Fast wäre noch die Stadt Köln in diesen Reigen aufgenommen worden. Nach gut zwanzig Jahren Kellerkabarett an der Hunsrückenstraße sehnte sich die Kom(m)ödchen-Mannschaft nach einem weniger beengten Domizil. Der befreundete Willy Millowitsch bot seine Hilfe an und sah sein linksrheinisches Volkstheater schon in trauter Nachbarschaft mit der etablierten Brettlbühne.

Die Stadt Düsseldorf wurde gerade noch rechtzeitig wach und offerierte ihrem Aushängeschild neue Räume in der eben erbauten Kunsthalle. Während der Aufführung am 27. April 1967 wurden die verblüfften Zuschauer zu Möbelpackern erklärt und mussten ihre Sitze in der Pause eigenhändig in die neue Spielstätte bugsieren. Dass der Name des neuen Domizils ebenfalls mit einem K beginnt, kann niemand überraschen.

Einen einschneidenderen Umzug hatte die junge Familie Lorentz nach dem Zweiten Weltkrieg zu absol-

»Es ist immer eine ernste Gefahr,
eine Kabarettistin zu einem ernsten Thema
zu befragen.«

vieren, als sie der Einladung eines Freundes folgte, an seiner Bühne mitzuwirken. Mit der kleinen Tochter und ein paar Habseligkeiten verließen sie 1946 die zerbombte Stadt Berlin, um sie mit dem ebenso zerstörten Düsseldorf zu vertauschen. Für das Kabarett »Wäscheleine« sollte Kay Lorentz die Texte liefern, Lore war als Kassiererin eingeplant. Als die Diseuse ausfiel, verließ sie ihren Kassenverschlag und übernahm kurzerhand deren Part. »Wenn ein Löwe zu spielen gewesen wäre, hätte ich den auch noch gemimt.«

Dass sie einmal auf der Bühne landen würde, spürte die als Lore Schirmer in Mährisch-Ostrau geborene Tochter eines Ingenieurs wohl schon als Pennälerin. Sie textete für das Schultheater und übernahm auch einige Rollen. Nach der Matura schrieb sie sich als »artiges« Mädchen aus einem bürgerlichen Haus jedoch 1940 an der Wiener Universität in Geschichte, Philosophie und Germanistik ein. Nach ihrem Wechsel an die Berliner Humboldt-Universität kreuzte Kay Lorentz am publizistischen Institut 1943 ihren Weg. Der Chemnitzer studierte Orientalistik und Japanologie und träumte von einer Karriere als Diplomat. Zunächst führte ihn sein Weg ins Ausland jedoch an die Front. Während eines Genesungsurlaubs ergriff er die Gelegenheit beim Schopf und machte seiner Angebeteten einen Heiratsantrag. Ein Jahr nach der Kriegstrauung wurde die älteste Tochter 1945 in Sachsen geboren.

Der »Wäscheleine«, ihrer ersten Station in Düsseldorf, war kein großer Erfolg beschieden. Einmal Theaterluft geschnuppert hamsterte Lore Lorentz auf dem Schwarzmarkt die Ausstattung für ein neues, eigenes Haus zusammen. Die mangelnde Erfahrung machte das

»Die Menschen in dieser Stadt, das ist der Grund, weswegen ich gerne hier lebe.«

Künstlerpaar durch Mut und Leidenschaft wett. Zur Namenspatronin ihrer Bühne inmitten der Altstadttrümmer avancierte eine alte Kommode, die bis heute zum Inventar gehört. Die Texte für die Premiere am 29. März 1947 stammten aus der Feder des frischgebackenen Theaterleiters. Um seine Frau *positiv dagegen* auf der Bühne zu erleben, musste das Publikum mit fünfzig Pfennigen nicht allzu tief in die Tasche greifen. Am Einlass baumelte immer häufiger das Schild mit der Aufschrift »Gottseidank ausverkauft«.

1947 wurden noch drei weitere Programme vom Stapel gelassen. Auch in den Folgejahren ging es auf der Bühne Schlag auf Schlag. Fast jeden Abend stand Lore Lorentz nun als Kassandra auf den Brettern ihres Kom(m)ödchens und gehörte bis 1983 zum lebendigen Inventar des Hauses. Anders als andere Kabarettbühnen wollten sich Kay und Lore Lorentz in ihren Programmen nie auf ein politisches Lager festlegen lassen. Sie zielten auf Borniertheit, Ignoranz und Klüngel jeglicher Couleur. Serviert von der charmanten Lore ließ sich die oft anzutreffende Politik-Prominenz jedoch gern den Spiegel der selbst verursachten Missstände vorhalten. Nur Bundesverteidigungsminister Franz Josef Strauß war humorlos und verpasste dem Kom(m)ödchen zumindest im Fernsehen für ein Jahr einen Maulkorb – ein Ritterschlag für die unangepasste Kabarettbühne.

Ein Wunder, dass bei dem Lorentz'schen Arbeitspensum die zweite Tochter und die beiden Söhne nicht auf der Bühne zur Welt kommen mussten. Doch dem Arbeitstier war auch die Großfamilie neben dem Kabarettalltag noch nicht turbulent genug. Lore Lorentz erprobte ihr Talent auch auf den Bühnen von Schauspielhaus und Oper und wirkte bei Hörfunkproduktionen des WDR mit. Aufgrund ihrer Bühnenpräsenz und ihrer Vielseitigkeit unterrichtete sie ab 1976 an der Folkwangschule in Essen. Stolz nahm sie zwei Jahre später die Ernennungsurkunde als Professorin für Chanson, Song und Musical entgegen. Das Bundesverdienstkreuz lehnten Kay und Lore Lorentz jedoch im selben Jahr mit der Begründung ab, lieber das Kreuz der Regierung zu bleiben, als eines von ihr zu bekommen.

1977 beschritt sie künstlerisch einen neuen Weg und brachte ihr erstes Soloprogramm an den Start. Es sollten vier weitere folgen. Mit Texten des von ihr verehrten, ewig aktuellen Heinrich Heine gelang der Siebzigjährigen im Jahre 1990 noch einmal ein Glanzpunkt ihrer Bühnenkarriere. Obwohl die »Grande Dame« des Kabaretts nun nicht mehr allabendlich im Rampenlicht stand, wachte sie weiterhin über die Geschicke der Künstler und des Hauses. Nach dem Tod ihres Mannes 1993 erlebte sie als Intendantin die Premiere des sechzigsten Kom(m)ödchen-Programms. Ein halbes Jahr, nachdem sie den Staffelstab an ihren Sohn Kay Sebasti-

»Was man angreift, muss angreifbar sein,
wie man das macht – unangreifbar.«

an weitergereicht hatte, trat sie auch von der Lebensbühne ab. Mit frischen Ideen, neuen Köpfen und einer neuen Form von Ensemblekabarett ist die Düsseldorfer Institution auch heute noch »Gottseidank ausverkauft«.

Quellen:
Gabriele von Arnim: Ihre Wut ist noch jung. Das Leben der Lore Lorentz ist Kabarett-Geschichte. In: DIE ZEIT, 6. September 1985.
Gertrude Cepl-Kaufmann, Antje Johanning und Winrich Meiszies: Wenn es dem Kom(m)ödchen nicht gefällt … Ein Kabarett in Deutschland. Düsseldorf 2000.
Irma Hildebrandt: Kabarettistin mit Charme, Leidenschaft und Wut. Lore Lorentz (1920–1994). In: Irma Hildebrandt: Frauen setzen Akzente. Prägende Gestalten der Bundesrepublik. München 2009, S. 53–70.
Kuratorium der Kay und Lore Lorentz Stiftung (Hg.): Sechzig. Wir verlängern. Kom(m)ödchen 1947, 1957, 1967, 1977, 1987, 1997, 2007. Düsseldorf 2007.
Kay und Lore Lorentz: Der liebe Gatte, von der anderen Seite gesehen. Gladbeck 1966.

IRENE MARKOWITZ

04.12.1924–16.01.2010

Düsseldorfer Adresse: Benrath, Westflügel des Schlosses (heutige Seminarräume des Naturkundemuseums), Benrather Schlossallee 102
In Düsseldorf von 1924 bis 2010

Benraths letzte »Schlossherrin«

Sie kannte wahrlich jeden Winkel »ihres« Schlosses und konnte aus dem Stegreif über den richtigen pfirsichblütenfarbenen Putz, die originalen Deckengemälde und die Spiegelung der Architektur in der Gartengestaltung dozieren.

Ihre Leidenschaft für das ländliche Refugium des Kurfürsten Carl Theodor wurde ihr bereits in die Wiege gelegt. Ihr Vater Hans Markowitz leitete als städtischer Baurat die Restaurierung der Schlossanlage und bezog deshalb 1923 direkt am Ort des Geschehens eine Dienstwohnung im westlichen Flügel. Dort erblickte Irene Markowitz ein Jahr später das Licht der Welt. Der Schlosspark war ihr Spielquartier und bildete die verschwiegene Kulisse für die erste Zigarette und den ersten Kuss.

Als Kind begleitete sie ihren Vater häufig auf seinen Rundgängen durch Haus und Garten, wo er ihren Blick für Proportionen und Sichtbeziehungen schärfte. So verwundert es nicht, dass sie sich später an der Universität Köln in den Fächern Kunstgeschichte, Archäologie und Geschichte einschrieb. Durch ihren Großonkel Peter Joseph Lenné, den berühmten Landschaftsarchitekten des Klassizismus in Preußen, schien auch das Thema ihrer Doktorarbeit »familiär vorbelastet« zu sein: 1958 beendete sie ihr Studium mit einer Dissertation zur Formengeschichte der Gartenhäuser in Deutschland. Anschließend wirkte sie in ihrer Heimatstadt nach einem

Volontariat als wissenschaftliche Mitarbeiterin im Kunstmuseum, wo sie grundlegend über die Düsseldorfer Malerschule arbeitete.

1969 kehrte Irene Markowitz zu ihren Wurzeln zurück. Sie wechselte als stellvertretende Leiterin und Oberkustodin ins Stadtmuseum und betreute die Abteilung für Kunst und Kultur des achtzehnten und neunzehnten Jahrhunderts. Als Sonderaufgabe wurde ihr die Leitung des Benrather Schlosses übertragen, welches bis zur Gründung der Stiftung Schloss und Park Benrath im März 2000 dem Stadtmuseum angegliedert war. Die Tochter trat in die Fußstapfen des Vaters und koordinierte zwischen 1973 und 1984 eine neue große Restaurierungsmaßnahme.

Regelmäßig besprach sie mit Denkmalpflegern und Landschaftsplanern, Restauratoren und Handwerkern die anstehenden Aufgaben. Allmorgendliches Ritual der »Schlossherrin« war der Rundgang durch Schloss und Garten, bevor sie sich zum Recherchieren und Verfassen

»Benrath ist nicht mit anderen Schlössern zu vergleichen, denn es handelt sich nicht um ein Schloss im Sinne des Absolutismus. Hier beginnt die bürgerliche Zeit, die Hinwendung zum Menschen, die sich im Wohntypus ausdrückt. In ganz Frankreich, wo diese Maisons de Plaisance entwickelt wurden, ist kein einziges Beispiel erhalten.«

»Ich zieh' nicht in was, was ein Kulturdenkmal zerstört.«

ihrer fachwissenschaftlichen Beiträge an den Schreibtisch setzte oder versuchte, bei einer Auktion ein Barockschränkchen oder Frankenthaler Porzellan zu ergattern.

Während ihrer Amtszeit als Kustodin entstanden zahlreiche Publikationen über das Gesamtkunstwerk Benrath, zum Dekor des Schlosses, zur Gartenkonzeption und zum Porzellan. Fast nebenbei erfasste sie das gesamte Inventar des Spee'schen Palais, in dem das Stadtmuseum beheimatet ist. Als Würdigung ihrer Forschungsleistung verlieh ihr das nordrhein-westfälische Bildungsministerium den Professorentitel.

Auch nach ihrer Pensionierung 1990 blieb Irene Markowitz mit »ihrem« Schloss untrennbar verbunden. Zusammen mit den Gartenarchitekten Rose und Gustav Wörner erarbeitete sie die Grundlage für die Wiederherstellung des Paterre-Gartens von der sogenannten Orangerie und trommelte mit dem Initiativkreis »Erhaltung Ostflügel Schloss Benrath« für die Wiederherstellung der Obstbaumwiese nach historischem Vorbild. Mithilfe von Familienfotos und ihrer Jugenderinnerungen konnten steinerne Gartenbänke rekonstruiert werden, die der Baumeister Nicolas de Pigage einst für den Schlosspark vorgesehen hatte.

Ende der Neunzigerjahre nahm die Hüterin des Schlosses ihr letztes großes Projekt in Angriff. Immer hatte sie die Einzigartigkeit der Anlage im europäischen Raum unterstrichen und wollte sie als UNESCO-Welt-

erbe gewürdigt wissen. Zur Vorbereitung eines Antrages bei der UNESCO-Kommission erarbeitete sie unermüdlich und unentgeltlich ein sieben Ordner starkes Fachgutachten.

Ungeachtet der Erfolgsaussichten eines europäischen Barockschlosses aus dem achtzehnten Jahrhunderts kamen die Gespräche mit der UNESCO bereits sehr früh ins Stocken. Die Stadt war sich kaum bewusst, welches Juwel sie beherbergt, und ließ es an Unterstützung fehlen. Außerdem sorgte der Neubau eines Seniorenheims, der die Denkmalpufferzone tangierte und den Gesamteindruck der Anlage beeinträchtigte, in Fachkreisen für Unmut. Auf die Frage, ob sie sich vorstellen könne, ihre Schlosswohnung gegen ein Apartment in der Seniorenresidenz einzutauschen, hatte Irene Markowitz geantwortet: »Ich zieh' nicht in was, was ein Kulturdenkmal zerstört.«

Als Berater des Welterbe-Gremiums Benrath zu einer ersten Sondierung aufsuchten, wurden sie Zeugen einer »Provinzposse«. Die damalige Museumsleitung hatte ihrer rührigen Amtsvorgängerin Hausverbot erteilt und eine Führung durch die Anlage zu verhindern gesucht. Trotz einer objektiv aussichtslosen Lage unternahm Irene Markowitz kurz vor ihrem Tod noch einmal einen neuen Versuch zur Erlangung des Welterbe-Status für »ihr« Schloss. Ohne Rücksicht auf ihre Konstitution – damals verließ sie ihre Wohnung im Kavaliersbau schon nicht mehr – recherchierte sie für einen übergreifenden Antrag zusammen mit Schloss Schwetzingen, dem ebenfalls von Nicolas de Pigage gestalteten Sommersitz des Kurfürsten Carl Theodor.

Irene Markowitz hat ihr Leben ganz in den Dienst

ihres »Elternhauses« gestellt. Den Wunsch, eine eigene Familie zu gründen, hat sie ihrer unermüdlichen Forschungsarbeit geopfert, obwohl sie dem Charme kleiner Wonneproppen im Kinderwagen schnell erliegen konnte. Die letzte Benrather »Schlossherrin« war nur mit ihrem Schloss verheiratet.

»Das Programm der Maison de Plaisance hat der Architekt Nicolas de Pigage auf geistvollste Weise gelöst. Kunst und Natur durchdringen einander.«

Quellen:

Roland Kirbach: Schöner Wohnen im Park. Der Bau eines Altenheims zerstört ein Kulturdenkmal. In: DIE ZEIT, 26. Februar 1993.

Claus Lange: Ein Leben für Schloss Benrath und seinen Park. Zum Tode von Professor Dr. Irene Markowitz. In: Das Tor, Nr. 3/März 2010, S. 14–15.

Irene Markowitz: Das ländliche Fest. Der Schmuck des Schlosses Benrath. Hg. vom Stadtmuseum Düsseldorf. Düsseldorf 1983.

Irene Markowitz: Schloß Benrath. München, Berlin 1985.

Eigene Aufzeichnungen und Erinnerungen an Gespräche mit Irene Markowitz im Jahr 2007.

HANNELORE KÖHLER

30.08.1929

Düsseldorfer Adresse: Golzheim, Atelierhaus Sittarder Straße 5
In Düsseldorf seit 1949

Die Menschenfreundin

Ihr Markenzeichen sind Skulpturen ohne jegliche Ecken, die ganz selbstverständlich alles Unwesentliche weglassen. Ihre Menschen – die sind es, die Hannelore Köhler interessieren – haben häufig fröhlich dicke Körper. Vis-à-vis der alten Kunstgewerbeschule am Burgplatz guckt eine kleine »Stehende Frau« auf das Treiben am Rhein. Vorbild dafür war eine Frau aus der Nachbarschaft, keine Marktfrau, wie die Figur in der Stadt genannt wird. Nach einer Restaurierung haben »Mutter und Kind« wieder ihren Platz auf dem Flurplätzchen in Flingern eingenommen. Eine ihrer schönsten Figuren, die die Rundlichkeit selbstbewusst dem Betrachter präsentiert, steht jedoch im Garten des Stadtmuseums: »Mutter Ey«. Der frühere Museumsdirektor Wieland König hatte die Skulptur auf einer Ausstellung entdeckt und für die Sammlung des Hauses zum »Ey'schen Kreis« erworben.

Angefangen hat die in Heilbronn geborene Hannelore Köhler jedoch als Malerin. Schon als Kind in Dresden-Wilder Mann – die Familie war 1931 wegen der neuen Arbeitsstelle des Vaters an die Elbe gezogen – hat sie mit Leidenschaft gezeichnet. Als die Dresdner Akademie der Bildenden Künste nach dem Krieg 1947 wiedereröffnet wurde, gehörte Hannelore zu den tausend Bewerbern für den neuen Jahrgang. Bevor sie als jüngste von sechzig Studenten endlich Malereiunterricht in der Klasse von Wilhelm Rudolph erhielt, musste sie jedoch

zunächst ein halbes Jahr »Steine kloppen«. Denn beim Bombenangriff auf Dresden war auch der Sitz der Akademie, der wegen seiner Glaskuppel im Volksmund »Zitronenpresse« genannte Lipsius-Bau, ausgebrannt.

Kurz vor Gründung der BRD war die politische Situation in der sowjetischen Besatzungszone für die Katholikin so unerträglich geworden, dass sie sich zu einem Neuanfang im Westen entschloss. Da sie im Rheinland Verwandte hatte, fiel ihre Wahl auf die Düsseldorfer Akademie. Von 1950 bis 1955 studierte sie in der Klasse von Otto Pankok, in der sie auch ihren späteren Ehemann, den Maler und Lyriker Günther Cremers, kennenlernte. Beide gründeten die Künstlervereinigung »Junge Realisten« mit, die sich gegen den damaligen Trend zur abstrakten Kunst positionierte.

Da das Geld bei der Studentin fern des Elternhauses relativ knapp war, verdingte sie sich in den ersten Studienjahren als Straßenbahnschaffnerin und genoss es, dabei mit vielen unterschiedlichen Menschen in Kontakt zu kommen, »die ich sonst nie kennengelernt hätte«. Als Meisterstudentin erhielt sie schließlich ein Stipendium der Studienstiftung des Deutschen Volkes. Damit brauchte sie die Schaffneruniform nicht mehr länger zu tragen, um mit Kommilitonen mal ins »Ohme Jupp« oder »Bobby« zu ziehen und die andere Seite des Studentendaseins erleben zu können.

Als junge freischaffende Künstlerin bekam sie Aufträge für Familienporträts, die ihren Lebensunterhalt sicherten. Sie hatte einen guten Blick für die Komik des Alltags, die sie in feinen Details in ihren Bildern festhielt. Mit Vergnügen stellte sie sich auch selbst in skurrilen Situationen und Posen dar.

»Eine Skulptur ist gut, wenn man sie rollen kann und nichts abfällt.«

Anfang der Sechzigerjahre war es mit der Fröhlichkeit zunächst vorbei. Nach einem längeren Krankenhausaufenthalt verlangte sie von sich eine Zäsur. Hannelore Köhler wurde zur Bildhauerin. Sie übte zunächst mit dem Taschenmesser an kleinen Steinen, die sie von Urlaubsreisen mitbrachte. Um sich selbst zu beweisen, wagte sie sich an immer größeres Material. Sie mietete sich bei einem Steinmetz ein und bearbeitete nun jeden Sommer immer größere Blöcke mit einem Pressluftmeißel. Im Winter zog sie sich wieder in ihr Atelier am Golzheimer Friedhof zum Malen zurück.

Sujets für die Gemälde fand sie auch auf Reisen. Mit ihrem Mann war sie oft unterwegs und brachte neben Kunstobjekten als Mitbringsel häufig auch Eindrücke mit, die auf die Leinwand gebannt oder in Architekturzeichnungen festgehalten werden mussten. Die Hochzeitsreise führte das Künstlerpaar natürlich in die Stadt der Künstler an die Seine. Alljährlich kehrten beide für ein, zwei Monate zum Arbeiten in das Pariser Atelier im Maraisviertel zurück. Szenen im Bistro, ein Clochard auf der Straße oder eine afrikanische Nanny haben Hannelore Köhler dazu animiert, sie in Skizzen, Zeichnungen oder Gemälden zu verewigen.

Die Erinnerung an einen jungen Farbigen aus der Düsseldorfer Ritterstraße, der 1933 das erste grausam ermordete Opfer des NS-Regimes wurde, lag Hannelore Köhler ebenfalls sehr am Herzen. Seine Tochter war

Modell an der Akademie am Eiskellerberg und hatte sich mit der etwa gleich alten Künstlerin angefreundet. Seit 1988 ist für Hilarius Gilges eine Gedenkplakette von Hannelore Köhler neben der Unterführung am Tonhallenufer zu finden.

Zur selben Zeit unterrichtete sie bereits Aktzeichnen an der Düsseldorfer Kunstakademie. Eine eigene Professur ist daraus nicht geworden. Die Lehrstühle besetzten die damals angesagten Abstrakten, als Realistin hätte sie den Titel langwierig ertrotzen müssen. Dazu war Hannelore Köhler zu uneitel und zu ungeduldig. Für ein großes Projekt ließ sie 1986 sogar den Lehrauftrag an der Akademie sausen. Die Münsteraner Handwerkskammer hatte drei große Figuren – Lehrling, Geselle und Meister – bestellt. Alle drei sind geerdet, mit nackten Füßen. »Ich hatte immer viel Spaß an Füßen … lauter nackte Füße«, erklärt die Künstlerin. Die eingangs erwähnte Skulptur der Johanna Ey ist ein weiterer Beleg dafür.

»Mir wäre nie etwas anderes eingefallen, als Künstlerin zu werden.«

Quellen:
Jürgen Harten: Hannelore Köhler. Ausstellungskatalog. Düsseldorf 1973.
Hannelore Köhler: Hale-Bopp. In: Alla Pfeffer (Hg.): Blick aus dem Fenster. Düsseldorf 2009.
Kunst aus NRW/Ehemalige Reichsabtei Aachen-Kornelimünster (Hg.): Hannelore Köhler zum 80. Geburtstag. Ausstellungskatalog. Aachen 2009.
Constanze Unger: Hannelore Köhler. Ausstellungskatalog. Münster 1995.
Inge Zacher: Hannelore Köhler. Ausstellungskatalog. Düsseldorf 1984.
Eigenes Interview mit Hannelore Köhler im Oktober 2015.

GABRIELE HENKEL

09.12.1931

Düsseldorfer Adressen: Unterbilk, Reichsstraße 51;
Düsseltal
In Düsseldorf seit 1931

Das Leben eine Inszenierung

Die Arzttochter Gabriele Hünermann hatte viele Lebenspläne. Als junges Mädchen träumte sie davon, als Ballerina auf Kufen über das Eis zu gleiten. Später fand die Bewunderin von Lore Lorentz und Liebhaberin von Bonmots die Karriere einer Kabarettistin interessant. Nach ersten Erfolgen als Journalistin peilte sie den Sessel einer Chefredakteurin an, auch gegenüber einem Sitz im Deutschen Bundestag war sie nicht abgeneigt. Aus der Konzernchefgattin Gabriele Henkel wurde schließlich eine Kunstmäzenin, Kunstprofessorin und die wohl kunstfertigste Gastgeberin der Republik.

Vier Kinder wuselten im Haushalt von Professor Hünermann umher, der als Chefarzt der HNO-Klinik im Marienhospital auch daheim ein strenges Regiment führte. Deshalb suchte Gabriele die kleinen Freiheiten außerhalb des Elternhauses in Unterbilk. Ihr Idyll begann in der benachbarten Reichsgasse, wo die Kinder im Hünermann'schen Garten zwischen Ziegen und Kaninchen spielten. Auch am Schwanenspiegel war sie oft, im Winter übte sie Pirouetten auf dem zugefrorenen Teich, im Sommer ließ sie sich von den Brüdern im Bötchen übers Wasser rudern. Manchmal reichte die Freiheit bis in die Altstadt, wenn der Vater die Kinder mit der Emaille-Kanne zum »Schiffchen« schickte, um frisch gezapftes Bier zu holen.

Für Kunst interessierte sie sich schon früh. Ihr Faible für die Moderne, insbesondere die abstrakte Kunst, ver-

dankte sie einer Ausstellung im Kunstpalast, wo sie als Schülerin die schwarzen Nuancen des südfranzösischen Malers Pierre Soulages bestaunte. Auch das Theater hatte es ihr angetan – gern besuchte sie die Inszenierungen in der provisorischen Bühne am Graf-Adolf-Platz, die Intendant Gründgens eingerichtet hatte. Nach dem Schulabschluss entschied sie sich jedoch für eine journalistische Ausbildung. Ihre ersten Texte erschienen in der *Süddeutschen Zeitung*, nach einem Aufenthalt in London schrieb sie für den *Observer* und *Newsweek* und wurde als jüngste Parlamentskorrespondentin in den Club der Bundespressekonferenz aufgenommen.

Bei einem Karnevalsvergnügen lernte die junge Journalistin den Chemiker Konrad Henkel kennen, der zu der Zeit noch von einem Leben als Forscher in den Vereinigten Staaten träumte. Bevor die beiden ein Paar wurden, mussten sie jeweils noch ihre individuellen »Prüfungen« durchlaufen. So schickte Konrad Henkel eines Abends einen Freund mit seinem Schwarm in eine Kneipe, um herauszufinden, ob Gabriele ein patentes Mädel sei. Nachdem er ihr noch monatelang zaghaft den Hof gemacht hatte, hielt es der etwas zurückhaltende Verehrer endlich für angemessen, beim Vater seiner Angebeteten vorstellig zu werden. Für die Hand der ältesten Tochter ließ sich Konrad Henkel vom Professor examinieren,

»Ein Abend sollte organisiert werden wie ein Bühnenstück. Die Gastgeberin muss die richtigen Menschen zusammenbringen, das gilt insbesondere für die Tischordnung …«

»Wir gingen gern durch die Poststraße am Spee'schen Graben entlang, für mich der nach wie vor schönste und intimste Ort der Stadt.«

das erfolgte Eheversprechen haben beide Herren zünftig begossen. Gabriele Henkel beklagte sich später, selbst von keinem der beiden um Zustimmung gebeten worden zu sein. Geheiratet haben sie 1955 trotzdem, drei Jahre später war mit Sohn Christopher die Familie komplett.

Nachdem Konrad Henkel 1961 in Nachfolge des verstorbenen Bruders an die Spitze des Henkel-Konzerns gerückt war, trat auch Gabriele Henkel mehr ins Licht der Öffentlichkeit. Die ihr zugedachte Pflicht zur Repräsentation des Hauses wurde ihr mehr und mehr zur Kür, in der sie ihrem Gestaltungsdrang freien Lauf ließ. Ihre legendären »kleinen Abendessen« sorgten manches Mal für Schlagzeilen, besonders bei den Journalisten, die nicht zum Kreis der handverlesenen Gäste aus Politik, Wirtschaft, Kunst und Jetset zählten.

Jede ihrer Soireen stand unter einem Motto. Perfekt stimmte sie die Sitzordnung, die kulturelle Untermalung und die Dekoration darauf ab, für welche sie mit großer Selbstverständlichkeit auch Henkel-Fabrikate verwendete. Als Ausdruck einer Kunst des Augenblicks begriff sie ihre Veranstaltungen jedoch erst, als Joseph Beuys ihr den Tipp gab, ihre individuell gestalteten Tische zu signieren.

Als Anfang der Siebzigerjahre in der Holthausener

Henkel-Zentrale gebaut wurde, erhielt die sachverständige Vorstandsgattin den Auftrag, für die neu gestalteten Trakte Kunst zu erwerben. Auf ihr Gespür vertrauend hat sie bis heute rund viertausend zeitgenössische Werke zusammengetragen. Den Schwerpunkt bildet die von ihr geschätzte abstrakte Kunst, die sich zudem als eher finanzierbar erwies.

Durch ihre eigenen Veranstaltungen und die Ankäufe für die Werksgalerie entwickelte sie neben Beuys auch zu anderen Düsseldorfer Künstlern wie Imi Knoebel, Günther Uecker und Jörg Immendorff freundschaftliche Kontakte. Den Schweizer Daniel Spoerri vermittelte sie mit seiner Eat Art an Galeristin Hete Hünermann, ihre jüngere Schwester. Obwohl Gabriele Henkel keines seiner Werke erwarb, traf sie Andy Warhol nicht nur zu Ausstellungen in Düsseldorf. Eine besondere Vorliebe hat sie jedoch für Frank Stella, den sie auch in seinem New Yorker Atelier aufsuchte und den sie maßgeblich förderte.

Zeitgleich mit dem Aufbau der Konzernsammlung nahm Gabriele Henkel auch wieder journalistische Aufträge an. Für eine Wiener Zeitung berichtete sie von Ausstellungen und führte geistreiche Interviews mit geistreichen Leuten aus Literatur, Theater, Kunst und Architektur.

Neben ihrer Sammeltätigkeit lebte sie sich selbst als Künstlerin aus. Ihre Tischdekorationen entwickelte sie weiter zu Installationen und Bühnenbildern. So setzte sie sich mit Heines Schriften auseinander oder mit Ludwig Persius' Römischen Bädern in den Parkanlagen von Schloss Sanssouci in Potsdam. Ihre eigenen Kreationen brachten ihr schließlich einen Lehrauftrag der Gesamthochschule Wuppertal (heute Bergische Universität

Wuppertal) ein. Mit Kunstgeschichtsstudenten arbeitete sie ab 1983 als Honorarprofessorin an eigenen Installationen.

Nach dem Tod ihres Mannes 1999 hat sich Gabriele Henkel etwas aus der Öffentlichkeit zurückgezogen. Trotzdem konstatiert sie weiter für sich: »Jeder Tag mit Kunst ist ein guter Tag.« 2001 hat sie ihre Kythera-Kulturstiftung gegründet, die alljährlich einen Preis für Künstler auslobt, die sich um den Kulturaustausch zwischen Deutschland und den romanischen Ländern verdient gemacht haben. Gabriele Henkels jüngstes Projekt ist ihr Engagement für den Erhalt der Düsseldorfer Gaslaternen, die für sie zur Seele der Stadt gehören.

»Ich würde schon gern mit einem Bild von Tintoretto leben, unter einem Matisse aufwachen, neben einem Picasso arbeiten und mit einem Futuristen fernsehen. Aber ich gehe zu Besuch zu den Bildern.«

Quellen:
Gabriele Henkel: Augenblicke. Interviews – Reviews – Views. Regensburg 1995.
Gabriele Henkel: Der Schwanenspiegel als Weltmeer. In: Edmund Spohr und Hatto Küffner (Hg.): Düsseldorfer von Welt. Düsseldorf 2004, S. 216–228.
Gabriele Henkel: Düsseldorf – it's magic. In: Alla Pfeffer (Hg.): Zeitzeugen. Bekenntnisse zu Düsseldorf. Düsseldorf 2001, S. 215–218.
Helga Meister: Gabriele Henkel: Die Frau mit dem richtigen Blick. In: Westdeutsche Zeitung, 20. April 2009.
Hans Onkelbach: Gabriele Henkel. In: Siegfried Drach, Axel Pollheim und Bern Thiel (Hg.): 100 Düsseldorfer Köpfe. Düsseldorf 1996, S. 64–65.

HILLA BECHER

02.09.1934–10.10.2015

Düsseldorfer Adressen: Wittlaer, Einbrunger »Künstlermühle«, Am Mühlenkamp; Kaiserswerth, »Alte Schule«, Stiftsplatz 3
In Düsseldorf von 1957 bis 2015

Chronistin der Industrielandschaft

Wenn irgendwo in einer Industriebrache ein einsamer VW Bus parkte und auf Kisten, Leitern oder sogar Dächern zwei Leute mit vorsintflutlich anmutender Fotoausrüstung herumturnten, konnte das nur heißen, das Künstlerpaar Becher war wieder auf der Jagd. Halb Europa und die Vereinigten Staaten haben sie bereist, um sterbende Industrielandschaften mit Fördertürmen, Gasometern, Hochöfen, Kalköfen, Kühltürmen oder Wassertürmen abzulichten. Für den Künstler Bernd Becher war die Fotografie nur akzeptiertes Mittel zum Zweck, Hilla Becher wurde praktisch schon mit der Kamera geboren.

Die Wiege von Hilla Wobeser stand in Potsdam, wo sie mit drei Geschwistern aufwuchs. Nach dem Krieg beschaffte ihr die Mutter die erste eigene Kamera. Die Dreizehnjährige sah seitdem die Welt durch den Sucher und fotografierte fortan alles, was ihr vor die Linse kam. 1949 ging Hillas Onkel – wie die Mutter ebenfalls Fotograf – in den Westen. Von ihm »erbte« sie ihre erste Dunkelkammer. Als die Siebzehnjährige bei dem bekannten Fotografen Walter Eichgrün als Lehrmädchen anfing, brachte sie schon einiges an Vorwissen mit. Während der Ausbildung assistierte sie ihrem Mentor bei der Dokumentation der Schlossanlagen von Sanssouci, die sie jedoch lieber den Touristenscharen überlassen hätte. Für ihr Gesellenstück, Aufnahmen des Potsdamer Gaswerks, konnte sie sich deutlich mehr erwärmen.

1954 wanderte Hilla mit Mutter und Schwestern

ebenfalls in den Westen aus. In Hamburg arbeitete sie zunächst als freie Fotografin. 1957 ergatterte sie eine Stelle in der Düsseldorfer Werbeagentur Troost, für die auch der Grafik- und Typografie-Professor Walter Breker arbeitete. Bei ihm bewarb sie sich ein Jahr später an der Kunstakademie und wurde als Erste mit einer reinen Fotomappe angenommen. Bereits in der Agentur war ihr auch Bernd Becher begegnet, mit dem sie nun zusammen studierte und ab 1959 zusammenlebte und -arbeitete. Zwei Jahre später hielten beide den Meisterbrief der Akademie sowie den Trauschein in den Händen.

Ihre ersten gemeinsamen Fotoarbeiten entstanden im Siegerland, in dem Bernd Becher seine Kindheit verbracht hatte. An der Umsetzung der Idee, die untergehende Industrielandschaft seiner Heimat mit dem Zeichenstift einzufangen, war er gescheitert. Die Anlagen wurden schneller abgerissen, als er sie umreißen konnte. Mit der passionierten Fotografin an seiner Seite fand er zur passenden Methode. Hilla Becher war ebenfalls von den spröden Werksanlagen fasziniert und fand zusammen mit ihrem Partner ihr Lebensthema.

Innerhalb weniger Jahre erschlossen sich beide immer größere Landstriche. Nach aufwendigen Vorbereitungstouren kehrten sie später mit Plattenkamera und Stativ in ihrem Bulli – ambulantes Labor und Schlafstatt in einem – zurück, um die Industriegelände Parzelle für Parzelle auf die Fotoplatten zu bannen.

Bereits bei den ersten Arbeiten im Sauerland und im Ruhrpott nahm die typische H&B Becher-Handschrift Formen an. Zwischen den Fototouren schafften sie ihre wenigen Habseligkeiten in Düsseldorfs Norden, wo sie ab 1964 für fast vier Jahrzehnte ihr Domizil in der

»Im Grund ist unsere Photographie eine Art Geschichtsschreibung. So wie Zola als Literat ein Bergwerk beschrieb, erledigen wir unsere Aufgabe der Bewahrung mit visuellen Mitteln, die vielleicht noch mehr ans Objekt gebunden sind.«

Künstlerkolonie der Einbrunger Mühle fanden. Im selben Jahr wurde Sohn Max geboren, der unter den Augen von Günther Uecker, Hannes Esser oder Rudi Heekers seine ersten Schritte machte. Auf die folgenden »Safaris« wurde der Nachwuchs einfach »mitgeschleppt«, wie zwischendurch mit einer Kleinbildkamera gemachte Schnappschüsse der Mutter beweisen.
Mit einem Stipendium des British Council 1966 hatten die Bechers Gelegenheit, ein halbes Jahr die Industrieanlagen in England und Wales zu dokumentieren. Seit Mitte der Siebzigerjahre waren sie auch fasziniert von den Miniaturbergwerken mit ihren hölzernen Fördertürmen in den USA. Die Bauern in Pennsylvania und West Virginia holten damit im Nebenerwerb die direkt an der Erdoberfläche lagernde Kohle praktisch vom Feld.

Mit der Idee, die sich anhäufenden Fotografien mit ihrer Fülle an Formen und Materialien in Typologien gegenüberzustellen, machte das Ehepaar mit den schweren Fotoapparaturen schließlich die Galeristen auf sich aufmerksam. 1972 stellten Hilla und Bernd Becher ihre Bilder das erste Mal dem amerikanischen Publikum in New York vor, im selben Jahr waren sie auch auf der docu-

menta V in Kassel vertreten. Die Bechers wurden in die Nähe der Konzeptkunst gerückt. In diese Schublade waren beide nicht aktiv geklettert, doch die bedeutender werdenden Ausstellungen und die größere Beachtung auf dem Kunstmarkt kam ihnen zupass. 1990 wurde ihr Werk auf der Biennale in Venedig mit dem Goldenen Löwen gewürdigt – jedoch in der Kategorie Skulptur, mangels eines eigenen Preises für Fotokünstler.

Die handwerklich exzellent umrissenen Architekturfossile brachten Hilla Becher 1972 einen Lehrauftrag in freier und angewandter Grafik an der Hochschule für bildende Künste in Hamburg ein. Die erste deutsche Professur für künstlerische Fotografie an einer deutschen Kunstakademie bekam 1976 jedoch ihr Ehemann zugesprochen. Er zog mit einer Handvoll »begabter Leute« ins Nebengelass der Düsseldorfer Kunstakademie beim Bahnhof ein. Statt im klassischen Sinne zu unterrichten, lud er die Studenten nach Hause ein, wo sie in der Atmosphäre der Kunstmühle, bekocht von Hilla, von ihrem Lehrmeister-Paar durch Lektüre und Gespräche auf neue Wege dirigiert wurden. Der Unterricht mit Familienanschluss hat die »Becher-Klasse« geformt, die mit Andreas Gursky, Candida Höfer, Thomas Ruff oder Thomas Struth die Düsseldorfer Fotoschule begründet hat.

In den Jahren nach dem Rückzug aus der Akademie 1996 ging das Paar nochmals auf Reisen, nach dem Fall des Eisernen Vorhangs interessierten sich beide nun auch für die Industrielandschaft im Osten Deutschlands und Europas. Ihr Plan, auch in Russland Aufnahmen zu machen, ließ sich jedoch nicht umsetzen. 2002 zogen die Bechers aus der zugigen Mühle in die von der Stadt Düsseldorf eigens hergerichtete »Alte Schule« am Kaiserswerther Stiftsplatz, um dort ihr Werk sichten, sortieren und aufarbeiten zu können.

Nach dem Tod ihres Mannes 2007 ging Hilla Becher mit dem früheren Schüler Chris Durham auf den Britischen Inseln auf Fototour. Die Bechers hatten immer Wert darauf gelegt, keine individuelle Handschrift erkennen zu lassen und nicht zu verraten, wer bei welchem Motiv den Auslöser gedrückt hatte. So zeichnete Hilla Becher ihre neuen Aufnahmen weiterhin selbstverständlich mit »H&B«. Jedoch hatte sich Bernd Becher hauptsächlich für die skulpturengleichen Zweckgebäude interessiert, Hilla dagegen zeigte die Bauten gern auch im Zusammenhang mit der sie umgebenden Landschaft. Bei ihren letzten Ausstellungen lugte diese persönliche Note zaghaft aus dem Gesamtwerk hervor.

»Mit dem ersten Flirt kam die Zeit unserer ersten Zusammenarbeit noch zur Akademiezeit. Wir stellten fest, dass unsere Grundhaltung bis in die Sujetwahl erstaunliche Gemeinsamkeiten aufwies.«

Quellen:
Susanne Lange: Was wir tun, ist letztlich Geschichten erzählen. Bernd und Hilla Becher. Eine Einführung in Leben und Werk. München 2005.
Helga Meister: Hilla Becher – die Fotokünstlerin auf neuen Wegen, Kunstforum 210/2010

ALLA PFEFFER

25.05.1935

Düsseldorfer Adresse: Pempelfort
In Düsseldorf seit 1963

Fördern der Sprachkultur als Lebensaufgabe

Wie bekommt man Kinder mit einer Sprechstörung zum Reden und wie bringt man Menschen aller Altersstufen zum Schreiben? Alla Pfeffer scheint für beides ein einfaches Patentrezept zu haben: erst genau beobachten, dann gezielt abfordern und dadurch fördern. Dabei kann sie ihr pädagogisches Handwerkszeug nicht verleugnen, das sie Ende der Fünfzigerjahre im Studium in Wuppertal und Köln erworben hatte. 1966 tauschte die Pädagogin den Klassenraum nochmals mit dem Hörsaal und spezialisierte sich in Köln auf Sprachheilpädagogik mit dem Schwerpunkt Psychologie. Danach therapierte und unterrichtete sie an der Sprachheilschule Düsseldorf. Dabei kam ihr ihre Ausbildung zur Montessori-Pädagogin zu Gute.

Bereits als kleines Kind war sie besonders von der Sprache und ihrem Klang fasziniert. Sie lauschte gebannt, wenn ihre größere Schwester Gedichte aufsagte, und sprach das Gehörte nach. In Odessa geboren verbrachte Alla Pfeffer die ersten Lebensjahre in der damaligen Sowjetunion. Mit ihrer Großmutter unterhielt sich das Mädchen auf Russisch, während die Mutter den Kindern Deutsch beibrachte. Diese zweisprachige Erziehung unterstützte Allas Sprachtalent.

»Ich war immer an Sprache und an Menschen interessiert.«

Nachdem Vater und Großvater während des Zweiten Weltkrieges nach Sibirien verschleppt worden waren, floh die restliche Familie zunächst nach Thüringen. Nach Kriegsende gelangte die Familie über mehrere Zwischenstationen schließlich nach Lippstadt. Hier wohnten Verwandte schon seit mehreren Generationen. Trotz der schwierigen Nachkriegsverhältnisse hielt die Mutter an ihrem Bildungsanspruch und einer musischen Förderung fest. Bei allen prosaischen Schwierigkeiten des Einlebens wurde sehr bald ein Klavier angeschafft. Die ältere Schwester spielte bereits sehr gut, für die kleine kam extra eine Klavierlehrerin ins Haus. Selbst winterliche Kälte hielt Alla seitdem nicht mehr vom Üben ab, stattdessen spielte sie in Handschuhen ohne Fingerkuppen weiter. »Egal ob ich richtig oder falsch gespielt habe, es war einfach schön.« Bis heute ist ihre zweite Leidenschaft die Musik.

Ihr Herz gehört jedoch seit über fünfzig Jahren ihrem Ehemann Klaus Pfeffer, der Alla in seine Heimatstadt Düsseldorf gelockt hat. Dem Architekten, Maler und Architekturprofessor war eine selbstständige Frau an seiner Seite wichtig. Er hat sie immer unterstützt und darin bestärkt, ihren Weg zu gehen, zunächst bei ihrem Ergänzungsstudium, später auch als Schriftstellerin. Bis heute bewundern beide die kreativen Fertigkeiten des jeweils anderen. Aufgrund ihres Talents, schüchterne und stotternde Kinder in ihrem Selbstwert zu bestärken und ihnen mittels Musik und Kunst flüssigeres Sprechen zu ermöglichen, nennt er sie augenzwinkernd-anerkennend eine »Psychoingenieurin«. Sie attestiert ihm dagegen: »Er ist so ein Künstler, so ein Komplizierter. Mit einem anderen wär ich gar nicht klargekommen.«

Ihren Erfahrungsschatz teilte Alla Pfeffer nicht nur mit Kollegen – ab 1974 hielt die genaue Beobachterin ihre Erfahrungen mit Kindern und ihre Auseinandersetzung mit Düsseldorf in Prosatexten fest. Sie hielt Lesungen an verschiedensten Orten, sogar in vielen Gefängnissen. Ihre Gabe, Mitmenschen an Sprache und Kunst heranzuführen, wurde jedoch schnell zum Schwerpunkt ihrer schriftstellerischen Arbeiten. Als Vorsitzende des Schriftstellerverbandes der Region Düsseldorf gelang ihr ein besonderer Coup. Sie lockte ihre zerstrittenen Kollegen aus der Reserve und brachte sie für ihre Anthologien Straßenbilder und Blick aus dem Fenster dazu, sich mit ihrem unmittelbaren Umfeld auseinanderzusetzen – so wurde die Stadt Düsseldorf zugleich zum Sujet und zum Katalysator der Versöhnung. Auch die Öffentlichkeitsarbeit lag Alla Pfeffer stets am Herzen, so rief sie zum Beispiel die Autoren-Lesereihe »Literatur um Halb Fünf« in ihrer Johanneskirchengemeinde ins Leben.

Für die Anthologie *Zeitzeugen. Bekenntnisse zu Düsseldorf* setzten sich von ihr auserkorene bekannte Düsseldorfer an den Schreibtisch, um ihre private Düsseldorfer Geschichte zu erzählen. Außerdem arbeitete Alla Pfeffer auch wieder mit Schülern, die sie zum Schreiben eigener Texte bewegte. Schriftstellerkollege Michael Serrer vom Düsseldorfer Literaturbüro nannte sie aufgrund ihrer Qualitäten als Coach und Mentorin »die Johanna Ey der Literaturszene«.

Die gute Seele der Düsseldorfer Literaten ist auch heute noch ständig beschäftigt – ihre kulturellen Projekte sind ihre Triumphe. Die Schriftstellerin setzt sich auch für die Förderung junger Musiker ein. Kurzerhand

kann sie ganz modern ein Crowdfunding für einen Künstler auf die Beine stellen oder beschafft einer jungen Pianistin ein Stipendium bei Yehudi Menuhin. Bei Projekten, die sie nicht allein stemmen kann, setzt sie auf die Hilfe ihrer Mitstreiterinnen im Düsseldorfer Club der Soroptimistinnen, eines weltweiten Netzwerks von Mentorinnen, Coaches und Mäzenatinnen.

Wenn der Mutter einer Tochter und Großmutter zweier Enkel dann noch etwas Zeit bleibt, unterstützt sie ihren Ehemann, der sich der Rettung des denkmalgeschützten Marstallgiebels und seiner Wiederaufstellung beim Schloss Jägerhof verschrieben hat. Dass Alla Pfeffer nur einen Katzensprung entfernt vom Pempelforter Musenhort der Goethezeit wohnt, kann kein Zufall sein.

»Jeder Mensch muss das Gefühl haben, man meint es gut mit ihm.«

Quellen:
Alla Pfeffer (Hg.): Blick aus dem Fenster. 60 persönliche Ansichten. Düsseldorf 2006.
Alla Pfeffer (Hg.): Zeitzeugen. Bekenntnisse zu Düsseldorf. 2001 Düsseldorf.
Alla Pfeffer: Ehrenlesung zum 80. Geburtstag, Heinrich-Heine-Institut und eigenes Gespräch, November 2015.
Lore Schaumann: Düsseldorf schreibt. 22 Autorenporträts. Düsseldorf 1981.

MARLIES SMEETS

27.02.1936

*Düsseldorfer Adressen: Düsseltal, Ahnfeldstraße 21;
Unterrath, Lichtenbroicher Weg und Krönerweg 7; Unterbilk
In Düsseldorf seit 1936*

Vom »Industriekaufmann« zur Oberbürgermeisterin

Auf weibliche Vorbilder konnte sich Marlies Smeets auf ihrem Lebensweg nicht berufen. Heute kokettiert sie ein wenig damit, oft die erste Frau gewesen zu sein – sowohl in ihrem Beruf bei der Rheinbahn als auch als erste Frau an der Stadtspitze im Rathaus.

Ihre Schulzeit verlief noch so wie bei vielen anderen Mädchen. Sie wurde auf die sprachlich ausgerichtete Goethe-II-Schule geschickt. Statt dort das »Puddingabitur« zu machen, wie der Volksmund den Abschluss an Frauenoberschulen nannte, weil dort meist auch Kochen und Hauswirtschaft unterrichtet wurden, musste sie jedoch bereits mit der mittleren Reife abgehen. An ihren Leistungen lag das nicht, ihre Eltern konnten Schulgeld, Fahrgeld und Büchergeld nicht länger aufbringen.

Auch sonst war Marlies Smeets in ihrer Kindheit während und nach dem Zweiten Weltkrieg nicht auf Rosen gebettet. Ab 1942 lag die Stadt in Trümmern, auch ihr Elternhaus war ausgebombt. Die Mutter musste bei Rheinmetall Waffen drehen, der Vater kam verletzt aus dem Feld zurück. Der siebzehnjährige Bruder fiel noch kurz vor Kriegsende – an Marlies' neuntem Geburtstag. Nach der mittleren Reife bewarb sie sich bei der Rheinbahn. Sie ließ etliche Mitbewerber hinter sich und begann dort ihre Lehrzeit als »Industriekaufmann«. Sie war das erste Mädchen, »Kauffrauen« kannte man noch nicht. Bei der Rheinbahn blieb sie bis 1996 und leitete dort auch als erste Frau eine Abteilung im Unternehmen.

Noch während ihrer Lehrzeit, als Neunzehnjährige, trat Marlies Smeets in die SPD ein. Der Drang, sich politisch zu engagieren, war ihr in die Wiege gelegt worden. Ihr Vater war Ratsherr in Düsseldorf und gehörte der Gewerkschaft an, sodass die Tochter bereits früh Interesse an politischen Themen entwickelte. Für die Politikerkarriere geübt hat sie bereits als Kind, als Klassensprecher in der Schule.

Sich an die Spitze ihrer Partei emporzuarbeiten, war zu Beginn nicht ihre Intention. Geleitet wurde sie von dem Gedanken, in ihrer Heimatstadt etwas zu bewirken, die Geschicke der Stadt mitzugestalten. Dazu hatte sie das erste Mal ab 1969 konkret Gelegenheit, als sie für ihren ersten Wahlbezirk Mörsenbroich in den Stadtrat gewählt wurde. Für den Düsseldorfer Norden – später wechselte sie in »ihren« Bezirk nach Unterrath – gehörte sie für fünfunddreißig Jahre dem Stadtparlament an.

Die nächste Stufe auf der politischen Karriereleiter nahm sie 1984, als sie zur Vorsitzenden der SPD-Fraktion im Rathaus gewählt wurde. Fünf Jahre später berief sie ihr Parteifreund Klaus Bungert als Bürgermeisterin an seine Seite. Bei der nächsten Kommunalwahl 1994 wurde sie seine Nachfolgerin und trug als erste Frau der Stadt die Amtskette des Oberbürgermeisters. Damit war sie jedoch zugleich ausnahmsweise einmal die Letzte – die letzte ehrenamtliche Repräsentantin Düsseldorfs. Nach einer Amtsperiode musste sie den höchs-

»Wenn du in deiner Geburtsstadt OB sein darfst, dann ist das das Größte.«

»Bei der Tieferlegung der Rheinuferstraße hatten wir ganz viel Gegenwind. Heute hat es jeder erfunden.«

ten Sitz des Ratssaales ihrem CDU-Kontrahenten Joachim Erwin überlassen. Trotz des Stimmungstiefs, in dem sich die SPD im Bund befand, fuhr sie ein gutes Ergebnis für ihre Partei ein, in der Stichwahl fehlten ihr schließlich nur zweitausenddreihundert Stimmen für eine zweite Amtszeit.

Die Jahre als Bürgermeisterin und Oberbürgermeisterin waren turbulent – für Marlies Smeets und für Düsseldorf. Ihren Parteikollegen, besonders den traditionsbewussten Gewerkschaftern, musste sie erst beibringen, dass eine Frau in Fraktion und Stadtrat das Sagen hat. Auch von den Genossinnen wurde sie argwöhnisch beäugt, die sie für zu jung hielten und ihr ihre Ämter nicht zutrauten. Doch mit ihrer langen Erfahrung hatte sie sich Kompetenzen in der Wirtschafts- und Sozialpolitik erworben und sie hatte gute Fachleute in den Ämtern an ihrer Seite.

Diese waren auch nötig, um die Probleme der Stadt anzugehen. Deren Finanzen standen zur damaligen Zeit unter keinem günstigen Stern. Der Haushalt musste konsolidiert werden, trotzdem waren Investitionen in die Stadtentwicklung nötig, Großprojekte wurden auf den Weg gebracht. Gelungen ist ihr das oft mit den Stimmen des gegnerischen Lagers, die sie früh einzubinden und zu überzeugen wusste.

In ihre erste Amtszeit als Bürgermeisterin fiel die Eröffnung des Rheinufertunnels, die bei strömendem Regen und unter Pfiffen von Protestlern fast ins Wasser gefallen wäre. Kurz zuvor konnten die Düsseldorfer mit dem neuen WDR-Studio das erste fertiggestellte Gebäude des langwierigen Hafenumbaus bewundern. 1995 wurde der Oberbürgermeisterin Smeets die Ehre zuteil, ihrer Heimatstadt mit der neuen Rheinpromenade ein Jahrhundertgeschenk zu machen. Als Fortuna-Anhängerin setzte sie sich auch früh für eine neue Arena ein, die ihr späterer Nachfolger Erwin damals noch vehement ablehnte und erst als Amtsinhaber auf seine Agenda setzte. Der langjährigen Rheinbahnerin lagen auch die städtische Infrastruktur und Verkehrspolitik am Herzen. So setzte sie kurz vor der Kommunalwahl 1999 – als eine ihrer letzten Amtshandlungen als Oberbürgermeisterin – gegen die Stimmen ihres grünen »Koalitionspartners« und zusammen mit der CDU die Wehrhahnlinie in die Spur.

Abseits der »großen« Politik hatte »Uns Marlies« immer ein Ohr für die Sorgen der Bürger. Diese konnten noch ohne große Sicherheitsvorkehrungen ihre Anliegen persönlich in ihrem Büro vorbringen. So tauchte eines Tages auch der »Kö-Peter«, der stadtbekannte »Edel-Clochard«, vor ihrem Schreibtisch auf, um sich über den Diebstahl seiner Nähmaschine zu beklagen. Mit der Beschaffung einer neuen Maschine gewann die Oberbürgermeisterin einen ihrer treuesten Fans.

So wie Marlies Smeets schon während des Krieges auf eine Teilnahme an der Kinderlandverschickung verzichtet hatte, ist sie auch in ihrer politischen Karriere Düsseldorf stets treu geblieben. Die Verlockung, in den

Landtag zu wechseln, hat sie einfach ignoriert. Sie blieb auf ihrem Posten im Rathaus von sieben Uhr morgens bis spät in den Abend. Nur zweimal im Monat verließ sie ihr Büro nach Möglichkeit früher als üblich. Seit 2004 hat sie für den »heiligen Termin« mit ihren Kegelschwestern – ein vor über fünfzig Jahren ins Leben gerufenes »Netzwerktreffen« – etwas mehr Zeit. Mit achtundsechzig Jahren räumte sie ihren Sitz im Rat und gab das Amt der Bürgermeisterin auf. Aufgrund ihrer Verdienste für die Stadt wurde sie zur Ehrenoberbürgermeisterin ernannt – selbstverständlich als erste Frau in Düsseldorf.

»Ich habe immer hart in der Sache diskutiert, aber nie die Menschen verletzt.«

Quellen:

Michael Brockerhoff: Mit weniger Geld gut leben lernen. Interview mit Marlies Smeets. RP Online, 2. Januar 2012. (www.rp-online.de).

Marlies Smeets: Aus dem Rathaus gesehen. In: Alla Pfeffer (Hg.): Zeitzeugen. Bekenntnisse zu Düsseldorf. Düsseldorf 2001, S. 26–27.

Eigenes Interview mit Marlies Smeets im November 2015.

MARGARETHE VON TROTTA

21.02.1942

Düsseldorfer Adresse: Kaiserswerth, Theodor-Fliedner-Internat, Alte Landstraße
In Düsseldorf von 1952 bis 1960

Rebellin mit der Filmkamera

Durchboxen musste sie sich immer – als »staatenloses« Kind im Düsseldorf der Nachkriegsjahre und als bekannte Schauspielerin, der die Rolle vor der Kamera nicht mehr reichte. Unbeirrbar hat sie sich auf dem einmal ertrotzten Regiestuhl behauptet, von dem aus sie seit gut vierzig Jahren Filmteams dirigiert. Zahlreiche, auch internationale Preise haben sie zur bekanntesten deutschen Autorenfilmerin gemacht. Mit ihren Frauenporträts aus Geschichte und Gegenwart ist sie jedoch besonders in Deutschland auch immer wieder angeeckt.

Aufgewachsen ist Margarethe von Trotta als uneheliches Kind im kriegszerstörten Berlin. Dorthin war ihre Mutter, eine deutsch-baltische Adlige, mit nichts als ihrem Leben nach Ausbruch der Revolution aus Moskau geflohen. 1948 siedelten Mutter und Tochter nach Bad Godesberg über, wo ein Bruder der Mutter lebte. Als Flüchtlinge wurden sie in ein Dachstübchen einquartiert. Trotz einfachster Verhältnisse genoss das kleine Mädchen mit dem Schleifenpropeller im Haar unbeschwerte Stunden mit den Nachbarskindern beim Wettklettern auf die Bäume und beim Papierschiffchen-Stapellauf am Rhein.

Jeden Sommer kam ihr Vater Alfred Roloff für einige Wochen auf Besuch, da er mit seiner Ehefrau in der Nähe von Rendsburg lebte. Der für seine Pferdebilder bekannte Maler und Illustrator hoffte, dass seine späte Tochter sein Zeichentalent erben würde. Nach Vorlagen

zeichnen sollte das Kind, doch alle Versuche missglückten. Dafür stellte Margarethe beim Radschlagen und Handstand ihr Talent unter Beweis – zum Entsetzen des Vaters wollte sie damals Tänzerin oder Artistin werden. 1951 starben kurz nacheinander Onkel und Vater. Da die Minifamilie in Bad Godesberg nun keine Unterstützung mehr bekam, zog Elisabeth von Trotta mit ihrer Tochter nach Düsseldorf-Kaiserswerth um. Durch ein Begabtenstipendium kam die Zehnjährige in das Theodor-Fliedner-Internat, später an das Fliedner-Gymnasium. Ihre Mitschülerinnen, Töchter aus gut situierten Familien, grenzten sie als Staatenlose, Vaterlose, Mittellose aus. Die Diakonissen versuchten dem aufmüpfigen Kind die Flügel zu stutzen.

Doch ihre Mutter gewährte ihr alle Freiheiten und bestärkte sie in ihrem eigenen Weg. Nur nach der mittleren Reife drängte sie ihre Tochter, zur Handelsschule zu gehen, um sie im späteren Leben etwas abgesichert zu sehen. Margarethe mühte sich mit Steno und an der Schreibmaschine ab und arbeitete wie ihre Mutter eine Zeit lang in einem Büro.

Mit siebzehn ertrug sie es nicht mehr, zum Diktat gerufen zu werden. Wie viele Altersgenossinnen entfloh sie dem Muff und der Enge der Adenauerära und verdingte sich ein paar Monate als Au-pair in Paris. Der Mutter zuliebe holte sie 1960 bei den Diakonissen ihr Abitur nach. Nach einem Intermezzo an der Kunstakademie, wo sie Gerhard Richter und den in Kaiserswerth bei Derix zum Glasmaler ausgebildeten Sigmar Polke kennenlernte, zog es sie zurück an die Seine.

In Paris schrieb sie sich an der Sorbonne in Romanistik und Germanistik ein, doch sie »studierte« meist im

»Die Kindheit war nicht so schön als unehelich geborenes Kind. … Der Rhein war für mich … ganz wichtig. Der Fluss hat mich immer beruhigt, die negativen Dinge wurden mit dem Wasser davongetragen. Ein Antidepressivum sozusagen.«

Kinosaal. Ganze Tage verbrachte sie mit Kommilitonen in der Cinémathèque française. Durch ein Abo fürs Düsseldorfer Theater, das die Mutter als seltenen Luxus hielt, hatte Margarethe das Kino bisher nur als leicht verdauliches Regenprogramm kennengelernt. Die Nouvelle Vague öffnete ihr eine neue Welt. Als Drehbuchschreiberin und Co-Regisseurin brachte sie sich bei einem Filmprojekt von befreundeten Studenten ein. Mit weiteren Filmideen im Kopf kehrte sie nach Deutschland zurück, studierte offiziell in München weiter und nahm parallel Schauspielstunden. Die brachten ihr 1964 ein erstes Engagement im fränkischen Dinkelsbühl ein. Im selben Jahr heiratete sie den Münchner Lektor Jürgen Moeller, dadurch erhielt sie die deutsche Staatsbürgerschaft. 1965 kam Sohn Felix zur Welt, der heute selbst Filme produziert und in manchen Filmen der Mutter zu sehen war.

Die junge Schauspielerin entwickelte sich zum Star des Neuen Deutschen Films. Für ihre Karriere verließ sie 1969 ihren eher konservativen Mann. Zur selben Zeit diente ihr Volker Schlöndorff eine Rolle an und bemühte sich, sie kennenzulernen: mit Erfolg. Nach der Hoch-

zeit beichtete sie ihm, dass sie vor Jahren selbst als vermeintliche Radioreporterin vergeblich versucht hatte, ihm näherzukommen.

Neben Schlöndorff arbeitete sie mit weiteren bekannten Regisseuren wie Fassbinder oder Chabrol. Sie beobachtete deren Arbeitsstil, lernte von ihnen, sodass der Wunsch, selbst hinter der Kamera zu stehen, immer größer wurde. Nach der Co-Regie bei *Die verlorene Ehre der Katharina Blum* produzierte sie 1977 ihren ersten eigenen Film.

Anfangs unterstützte Volker Schlöndorff seine Frau, in der Hoffnung, es handele sich nur um eine »Phase«. Doch bereits mit ihrem dritten Film *Die bleierne Zeit* über die RAF-Terroristin Gudrun Ensslin und deren Schwester gelang ihr 1981 der internationale Durchbruch. Mit dem Goldenen Löwen von Venedig machte Margarethe von Trotta klar, dass sie zu einer ernsthaften Konkurrentin für den Mann an ihrer Seite wurde.

Obwohl sie sich nie als Frauenrechtlerin und »Frauenfilmerin« sah, setzte sie sich in den nächsten Jahren für die Rechte ihrer Berufsgenossinnen ein und errichtete Frauen wie Hildegard von Bingen, Rosa Luxemburg oder Hannah Arendt ein filmisches Denkmal. Auf Wettbewerben wurde sie dafür hoch dekoriert, der Film *Das Versprechen* über eine deutsch-deutsche Beziehung vor dem Fall der Mauer brachte ihr sogar eine Oscarnominierung ein. Trotzdem musste sie viel Kritik der arrivierten Filmwelt ertragen. Nach ihrer Trennung von Volker Schlöndorff ergriff sie die Gelegenheit, nach Italien zu gehen, und dehnte ihre Arbeit dort bis 1995 aus. Seitdem ist eine kleine Pariser Wohnung zu Füßen des Montmartre ihr Rückzugsort, wenn sie nicht zu einem

Dreh unterwegs ist oder als Professorin mit Filmstudenten in der Schweiz arbeitet.

Wenn es ihr Terminkalender erlaubt, kommt Margarethe von Trotta heute gern von Zeit zu Zeit nach Kaiserswerth. Dann spaziert sie wie einst als Schulmädchen zum Rhein, zur Pfalzruine und durch die Gasse auf dem Wall zur alten Schule, in der damals ihre Freundin wohnte. Ihren bislang letzten Film *Die abhandene Welt* hat sie teilweise an den Orten ihrer Kindheit, am Rhein und in der Diakonie gedreht. Wie die Protagonistin im Film erfuhr sie selbst auch erst nach dem Tod der Mutter, dass sie noch eine ältere Halbschwester hat. Aktuell brütet sie nach den schweren Stoffen der Vergangenheit eine Komödie aus. Für die Cineasten bleibt zu hoffen, dass der Entstehungsprozess nicht wie bei *Hannah Arendt* wieder zehn Jahre dauert.

»Man kann, zumindest in meinem Metier, die Menschen nur mit dem überzeugen, was man tut. Mit Professionalität, alles andere funktioniert nicht.«

Quellen:

Petra Ahne und Rudolf Novotny: Die Widerstände haben mich stark gemacht. Interview mit Margarethe von Trotta. In: Frankfurter Rundschau, 8. Januar 2013.

Doris Kuhn: Die 70-jährige Margarethe von Trotta. Interview. In: Süddeutsche Zeitung Magazin 10/2012.

Frank Olbert: Margarethe von Trotta über Machos im Film. Interview. In: Kölner Stadt-Anzeiger, 8. Mai 2015.

Martina Schürmann: Margarethe von Trotta und das Schwestern-Drama. In: Westdeutsche Allgemeine Zeitung, 5. Mai 2015.

Thilo Wydra: Margarethe von Trotta. Filmen, um zu überleben. Berlin 2000

CARMEN THOMAS

07.05.1946

Düsseldorfer Adresse: Flingern, Lindenstraße
In Düsseldorf von 1946 bis 1965

Mit Schalke 05 in den Ü-Wagen

Vielen Menschen in Nordrhein-Westfalen ist Carmen Thomas als »die Frau vom Ü-Wagen« bekannt. Auf den Tag zwanzig Jahre lang ist sie mit dem WDR-Studiomobil zu den Menschen quer durch das Land getourt. Nicht nur den Fußballfans in Deutschland ist ihr Bild präsent, wenn von einem legendären Versprecher die Rede ist: »Schalke 05«. Der rutschte der ersten Frau, die im deutschen Fernsehen eine Sportsendung moderieren durfte, bei ihrem fünften Einsatz im »Aktuellen Sportstudio« heraus. Allen Unkenrufen zum Trotz hat es ihr nicht geschadet.

Carmen Thomas sprach aber nicht nur über Sport, sondern zeigte von Kindesbeinen an vollen körperlichen Einsatz. Wie es sich für eine Düsseldorferin »gehört«, erlernte sie beizeiten das Radschlagen. Nach gutem Düsseldorfer Brauch besserte die Sechsjährige damit ihre Barschaft auf, selbstverständlich dort, wo der Kurs am besten ist: auf der Kö. Auch an der Ballettstange bestand sie vor den strengen Augen einer Primaballerina und übte dienstags nach der Schule Pirouetten in der Kaser-

»Zunächst sah es so aus, als würde mir Schalke 05 schaden. Aber in Wahrheit hat es mir genützt, weil ich diese Schlacht erfolgreich durchgestanden habe.«

nenstraße. Mit ihren Stepptanzkünsten entzückte sie in der »Wolfsschlucht«, einer früheren Offiziersmesse der englischen Besatzung am Grafenberger Wald, den damaligen Bundespräsidenten Theodor Heuss. Nach der Grundschule verlegte sie sich auf das Turnen und Trampolinspringen.

Nach dem Abitur 1965 wechselte sie die Rheinseite, um in Köln Germanistik und Anglistik auf Lehramt zu studieren. Doch drei Jahre später lockte sie der WDR aus dem Hörsaal direkt ins Morgenmagazin-Studio der Politik-Redaktion. 1972 vertraute TV-Direktor Werner Höfer der fünfundzwanzigjährigen Reporterin von *Hier und Heute* bereits die Moderation des Tagesthemen-Vorläufers im Dritten Programm an. Außerdem wurde die BBC auf die ambitionierte Journalistin aufmerksam und schloss mit ihr als erster Deutscher einen Jahresvertrag für Deutschland-Reportagen ab.

Ebenfalls 1972 trat sie zu Probeaufnahmen beim ZDF für das *Aktuelle Sportstudio* an. Tatsächlich wurde sie für zwei Jahre engagiert. Der Sender hatte bewusst nach einer Frau als Nachfolgerin von Wim Thoelke gesucht, weil kein Kollege wagte, in die Fußstapfen des Fernsehlieblings zu treten. Die Sechsundzwanzigjährige traute sich und flimmerte am 3. Februar 1973 das erste Mal für neunzig Minuten live in Millionen Haushalten über den Bildschirm. Die Kritiken waren zweigeteilt. Die einen lobten ihre unvoreingenommene, frische Art, andere zogen ihren Sachverstand als Frau grundsätzlich in Zweifel.

Dass die Moderatorin ihren Zweijahresvertrag tatsächlich erfüllte, erinnern nicht viele Zuschauer. Fast allen ist dagegen präsent, dass sie in der fünften Sen-

»Frauen dürfen vor allem dann in sehr wichtige Positionen, wenn der Schlagschatten eines männlichen Vorgängers den Männern selbst zu groß ist.«

dung – mit den Gedanken noch bei fünf Vereinen der Intertotorunde – Schalke 04 ein Jahr verjüngte. Beim Publikum verhallte dieser Lapsus. Die Bildzeitung bauschte ihn jedoch achtzehn Tage später auf Seite eins zum Politikum auf. Das Blatt hatte unter anderem nicht verwunden, dass sich das »Fräulein-Wunder« in der zweiten Sendung getraut hatte, den am Abend der Sendung vorab veröffentlichten Verriss der *BamS* live in der Sendung zu zitieren.

Nach dem Sportstudio wechselte sie als Talkmasterin zu *3 nach 9,* bevor sie Ende 1974 mit »Hallo Ü-Wagen« ihren Traumjob im Radio fand. In ihren fast tausend Sendungen bei WDR 2 holte sie Leute in ganz NRW ans Mikrofon, um mit ihnen ungefiltert an passenden Orten über die Themen zu reden, die das Publikum selbst vorschlug. Mit diesem ersten »Mitmach-Format« erfand die beliebte WDR-Moderatorin in einem analogen Medium etwas, was die Rundfunkanstalten heute mühsam im digitalen Austausch mit dem Publikum zu erreichen suchen. In ihren zwanzig Radiojahren stoppte sie mit ihrem Kölner WDR-Studiomobil auch achtundfünfzigmal in ihrer Heimatstadt. Sie guckte den Abgeordneten im Ständehaus auf die Finger, war bei der Verschiebung der Oberkasseler Brücke dabei, berichte-

te vom Majdanek-Prozess oder debattierte über die Finanzierung der Deutschen Oper am Rhein.

Parallel zu ihrem Job beim WDR, für den sie von 1968 bis 2006 tätig war, gründete Carmen Thomas 1998 die »1. ModerationsAkademie für Medien + Wirtschaft«, die außer Journalistinnen und Journalisten auch Menschen aus Wirtschaft und Politik das Rüstzeug vermittelt, um im Team, bei der Kundschaft und am Mikrofon eine gute Figur zu machen, Verbalattacken zu parieren und Fehler als »etwas ungünstig verpackte Geschenke« zu begreifen. »Aus Dung Dünger machen« nennt sie das. Bei Vorträgen trifft man die erfahrene Kommunikationsexpertin auch immer wieder in Düsseldorf, wo sie zum Beispiel Frauen berät, wie sie lampenfieberfreies Auftreten und erfolgreiche Verhandlungsstrategien erlernen können.

Obwohl sie ihrem Geburtsort Düsseldorf immer verbunden blieb, hat sie ihr Herz mittlerweile an die zunächst ungeliebte Wahlheimat Köln verloren. Sie, die sich in ihren Büchern und unzähligen Sendungen intensiv mit dem Thema Tod beschäftigte, hat sich sogar ein denkmalgeschütztes Grab auf Melaten gesichert. Daher versteht sie sich nicht nur als »Versöhnungssymbol zwischen Männern und Frauen, sondern besonders auch zwischen Köln und Düsseldorf«. Praktisch zur Bestäti-

»Düsseldorf ist und bleibt eine bemerkenswerte Stadt und auch ›meine Stadt‹ – steht ja sogar im Pass. Und: Sie ist tatsächlich sehr anders als Köln.«

gung hat ihr die Kölner Bürgergesellschaft von 1863 als erster Frau den Ohrenorden verliehen. 2013 wurde die Düsseldorferin sogar eingeladen, beim Rosenmontagszug auf dem Willy-Millowitsch-Wagen »Kamelle ze schmieße« – für »Eine aus der verbotenen Stadt« eine ganz besondere Ehre.

Quellen:
Lioba Lepping: »Angeregt von ganz normalen Menschen«. Interview mit Carmen Thomas. In: Kölner Stadt-Anzeiger, 29. September 2014.
Christian Lorenz und Irmgard Stoffels: Carmen Thomas liebt ihre Wahlheimat. In Köln sehen alle nix aus – super! Interview mit Carmen Thomas. In: EXPRESS, 12. Juli 2015.
Stefan Willeke: Null fünf. Das Carmen-Thomas-Jahr hat begonnen. In: DIE ZEIT, 4. Januar 2005.
Eigenes Interview mit Carmen Thomas im Januar 2016.

BARBARA SCHWARZER

27.02.1957

Düsseldorfer Adresse: Lohhausen
In Düsseldorf seit 1957

Kleidermacherin im Rollstuhl

Mode zu machen hat Barbara Schwarzer von der Pike auf gelernt. Nach einer Schneiderlehre bei Augustat, dem Modeunternehmen von Freunden der Eltern, ließ sie sich zur Schnittdirektrice ausbilden und besuchte schließlich die Modeschule in Eller. Anschließend stieg sie fest bei Augustat am Fürstenwall ein.

Wichtig war ihr von Anfang an ein femininer, eleganter Stil. Bereits als Kind schwärmte sie für Anmut und Grazie. An der Essener Folkwangschule, wo ihr Vater unterrichtete, hatte sie die Tänzerinnen der dortigen Compagnie bewundert. Nun wollte sie selbst unbedingt zum Ballett, was die Mutter noch zu verhindern wusste. Doch dann kam der Düsseldorfer Turnverein in die Schule, um Talente zu sichten. Seitdem trainierte Barbara Schwarzer regelmäßig nach dem Unterricht am Stufenbarren und auf der Bodenmatte. Vom Leistungszentrum Düsseldorf wurde sie 1972 als Mitglied des

»Ich wollte immer Mode machen für emanzipierte Frauen, berufstätig, mit Kindern, die wenig Zeit haben, sich Gedanken um ihre Garderobe zu machen, aber den ganzen Tag von morgens bis abends gut angezogen sein wollen.«

Olympiakaders geführt, durch eine Verletzung platzte jedoch der Traum, die deutschen Farben in München zu vertreten.

Aufgewachsen ist die älteste Tochter des Kunstprofessors Otto Näscher im Grafenberger »Florackviertel«. Da auch die Mutter Künstlerin war, Porträts zeichnete und töpferte, wurde den drei Kindern ein späterer kreativer Beruf bereits in die Wiege gelegt. Stundenlang malten sie mit Kreiden, machten Linolschnitte oder verschönerten die Puppenstube. Kleider für die Püppchen hat jedoch nur Barbara Schwarzer genäht.

»Ich wollte immer nach Paris oder Rom, um Modeschöpferin zu werden«, sagt Barbara Schwarzer. »Durch den schnellen Einstieg bei Augustat war das dann kein Thema mehr.« Im Ausland war sie trotzdem häufig. Um den halben Globus ist sie gejettet, um in Paris, Mailand, Moskau oder New York Trends zu finden, Stoffe zu ordern, Kleider zu produzieren und die Kollektionen zu promoten. Nach Hongkong reiste sie als junge Frau ganz allein, weil dort Kleider bestickt werden sollten. Die chinesischen Geschäftspartner nahmen sie anfangs nicht für voll, bis sie sich mit ihren Modezeichnungen Respekt in der Männerrunde verschaffte. Für ihre Reisen war das Sprachabitur am Clara-Schumann-Gymnasium (ehemals Goethe II) die beste Voraussetzung. Bis zum großen Latinum hat sie sich gequält, weil ihr Großvater es gern gesehen hätte, wenn sie den Apothekerberuf ergriffen hätte.

Ihren Ehemann Claus hat Barbara Schwarzer auch bei Augustat kennengelernt. Er war als Prokurist für die kaufmännischen Geschicke der Firma verantwortlich und übernahm sie 1985 von den Gründern. Ein Jahr spä-

»Als kleines Mädchen habe ich gern Engel und Frauen mit schönen Kleidern gemalt. Ich wollte immer etwas mit Mode machen. Kleider und Schuhe habe ich schon als Kind geliebt.«

ter heiratete das Paar. Gefunkt hatte es zuvor ausgerechnet auf einer Geschäftsreise nach Paris – in der Stadt der Liebe und der Mode. Im Quartier, wo die Couturiers ihre Stoffe ordern: »im Sentierviertel habe ich auch meinen ersten Kuss bekommen«. Mit der Geburt der Tochter 1989 war die kleine Familie, zu der auch noch ein Sohn Claus Schwarzers gehört, komplett.

Wenige Jahre später, mit Mitte dreißig, wurde bei der Modeschöpferin Multiple Sklerose diagnostiziert. Trotz der zu erwartenden Einschränkungen entschloss sich Barbara Schwarzer, unterstützt von ihrem Ehemann, ihre Kreationen fortan unter ihrem eigenen Namen zu vermarkten. Sie steckte ihre ganze Kraft in die Etablierung des neuen Labels und war fast täglich im Atelier im Hafen mit der nächsten Kollektion beschäftigt. »Arbeit ist meine Therapie«, erklärt sie ihr Arbeitspensum.

Mittlerweile kann sie nicht mehr selbst zeichnen. Deshalb bringen ihre Mitarbeiter ihre Ideen zu Papier, bevor die Entwürfe für Cocktailkleider, Hosenanzüge oder Mäntel auf die Puppe kommen. Unter den Namen Barbara Schwarzer oder Young Couture finden jedes Jahr sechs Kollektionen den Weg zu Kunden in aller Welt, natürlich auch in Geschäfte an der Königsallee.

Neben Stars und Sternchen aus Film und Fernsehen vertrauen auch die Venetien im Düsseldorfer Karneval gern auf den klassischen Chic ihrer Kreationen.

Obwohl sie nicht mehr ohne Hilfe reisen kann, ist die Designerin immer noch häufig als Botschafterin ihrer Kreationen unterwegs. Deshalb sieht sie auch mit Verdruss, dass sich Düsseldorf als traditionelle Modestadt in den letzten Jahren von der aufstrebenden Kreativszene in der Hauptstadt die Butter vom Brot nehmen ließ. Dass die CPD, Collection Première Düsseldorf, einst die größte Modemesse der Welt, 2011 ihre Pforten schließen musste, schmerzt sie, sieht sie in Berlin doch viel »heiße Luft, Düsseldorf ist einfach authentischer«.

Auch in der »modefreien Zeit« ist Barbara Schwarzer fest mit ihrer Heimatstadt verwurzelt. Sie liebt es besonders, Zeit am Rhein zu verbringen, von dem sie auch nicht weit entfernt wohnt. Die Magie des Stromes genießt sie bei Spaziergängen mit der Familie auf den Golzheimer Rheinwiesen oder in Kaiserswerth. Als Schülerin war sie an Ausgrabungen an der Kaiserpfalz beteiligt und sie sinniert heute noch darüber, wie es in der Burg zuging, wenn Kaiser Barbarossa dort zu Gast war. Von Zeit zu Zeit trifft man sie auch im Museum Kunstpalast im Ehrenhof – auch im Rollstuhl immer elegant, so wie ihre Kollektionen.

Quellen:
Christiane Hoffmans und Dagmar Haas-Pilwat: »Ich bin keine Stilikone mehr«. Interview mit Barbara Schwarzer. In: WELT am SONNTAG, 3. April 2015.
Marion Seele-Leichert: Designer-Karriere im Rollstuhl. In: Westdeutsche Zeitung, 18. Juni 2010.
Eigenes Interview mit Barbara Schwarzer im November 2015.

DORO PESCH

03.06.1964

Düsseldorfer Adressen: Flingern, Dorotheenstraße;
Oberbilk, Probenraum in der Backfabrik, Ronsdorfer Straße 77a
In Düsseldorf von 1964 bis 1990

Königin des Heavy Metal

Rente mit neunundsiebzig? Zumindest Dorothee Pesch ist von dieser Idee angetan. Zu ihrem dreißigjährigen Bühnenjubiläum 2013 wünschte sich die deutsche Heavy-Metal-Queen, auch die nächsten dreißig Jahre im Rampenlicht zu verbringen. Dafür ist die zierliche Frau weiterhin bereit, mehr als zweihundert Tage pro Jahr im Tourbus aus dem Koffer zu leben. Dass sie, die sich mit Kung-Fu oder Martial Arts fit hält, dieses Pensum tatsächlich schafft, möchte man nicht bezweifeln.

Schon als Dreijährige hatte sie ihr Berufsziel Sängerin klar vor Augen. Die Nachbarn prophezeiten dem inbrünstig singenden Mädchen: »Die wird mal Opernsängerin.« Geboren wurde Doro in der Dorotheenstraße in Flingern – so kam sie zu ihrem Namen. Bald darauf zog die kleine Familie nach Oberrath um. Ihre wirkliche Kinderstube hatte sie jedoch im LKW des Vaters. Den Transportunternehmer begleitete sie vergnügt auf seinen Touren, bis sie eingeschult wurde. Über die eingebüßte Freiheit tröstete sie lediglich die Musik hinweg. Weiterhin trällerte sie alles nach, was es ins Radio oder die ZDF-Hitparade geschafft hatte. Mit zehn Jahren eiferte sie ihrem Vater im Klavierspiel nach. Außerdem schleppten ihre musikbegeisterten Eltern sie zu den Abonnementkonzerten ins Düsseldorfer Opernhaus mit. Der Boden für eine klassische Musikkarriere schien bereitet.

Als Teenager erkrankte Dorothee lebensbedrohlich

an Tuberkulose. So war ausgerechnet diese passionierte Vagabundin für ein Jahr ans Bett gefesselt. Kaum war sie dem Tod von der Schippe gesprungen, dockte die Sechzehnjährige bei der Kellerband Snakebite als Sängerin an. Irritiert über ihren Musikgeschmack ließen die Eltern die glücklich genesene Tochter zwar gewähren, bestanden jedoch auf einem »richtigen Beruf«. Tagsüber drückte das Energiebündel deshalb als Grafikdesign-Azubi die Schulbank, die Nächte verbrachte sie jedoch im Probenraum oder tingelte durch Düsseldorfs Kneipen. Nach der Auflösung der Band sang sie kurzzeitig noch in zwei anderen Formationen, bevor die Achtzehnjährige mit Musikerkollegen die neue Band Warlock aus der Taufe hob.

Nach Beendigung ihrer Lehrzeit konnte ihr Ausbilder die begabte Typografin nicht an seine Agentur binden. 1984 flatterte Warlock der erste Plattenvertrag auf den Tisch, der auch gleich die erste große Tournee nach sich zog. Zwei Jahre später stand Doro bereits als erste Frau beim legendären »Monsters of Rock«-Festival auf der Bühne und brachte in England einhundertzwanzigtausend Zuschauer zum Kochen. Eine der bekanntesten Metal-Bands, Judas Priest, klopfte an und engagierte Warlock als Vorband für die eigene Europatournee. Den internationalen Ritterschlag erhielt die Düsseldorfer Band 1987 mit ihrem vierten Album *Triumph and Agony*.

Doch die Euphorie hielt nicht lange. Nach Auseinandersetzungen mit dem Management über die weitere Ausrichtung der Gruppe verlor Doro Pesch schließlich die Rechte am Bandnamen. Da die 1,55 Meter kleine Frontfrau mit der rauchigen Stimme und der blonden Mähne längst selbst zur Marke geworden war, machte

»Ich habe mich bewusst für die Musik und die Fans entschieden, damit bin ich verheiratet, das füllt mich aus.«

sie unter ihrem eigenen Namen weiter. 1990 erschien ihre Platte *Doro,* die bereits an ihrem neuen Wohnsitz New York entstand.

In den folgenden Jahren arbeitete sie zwischen den zahlreichen Tourneen an neuen Songs und ließ sich auch nicht entmutigen, als Anfang der Neunzigerjahre Grunge statt Metal hoch im Kurs stand. Von ihren mittlerweile siebzehn Alben erreichten etliche Gold- oder Platinstatus. Insgesamt gingen über zehn Millionen ihrer Tonträger über den Ladentisch. Für ihre Musik wurde sie bereits dreimal als lebende Legende und Metal-Göttin mit dem »Legends Award« ausgezeichnet.

Trotz ihrer Liebe zu ihrer Wahlheimat New York und dem »in Düsseldorf verbliebenen Koffer« ist der Tourbus ihr wahres Zuhause. Mit zwanzig Crewmitgliedern kommt sie seit über drei Jahrzehnten auf nicht einmal dreißig Quadratmetern klar. Mit ihrem »Mobile Home« ist sie mittlerweile in über sechzig Ländern aufgekreuzt und hat an die dreitausend Gigs absolviert. Ihr bislang größtes Publikum fand sie in Rio de Janeiro, wo eine halbe Million Zuschauer die Bühne umringten, während weitere Millionen vor den TV-Geräten saßen. Anders als zu Beginn ihrer Karriere gehören ihrem Fanclub mittlerweile zur Hälfte Frauen an.

Trotz exotischer Konzertorte in arabischen Ländern, in China oder in Russland, wo sie besonders viele Fans

hat, lässt sie den Kontakt zu ihrer Heimatstadt nicht abreißen. In schöner Regelmäßigkeit sitzt bei den Jubiläumskonzerten in Düsseldorf ihre stolze Mutter im Publikum. In allen großen Sälen der Stadt erklang bereits Doro Peschs Hymne *We are all,* zusammen mit den Düsseldorfer Symphonikern hat sie sogar schon dem Tonhallenpublikum eingeheizt. Bei so viel Konzerterfahrung sollte man ausreichend Gelassenheit und Routine erwarten. Doch wie beim ersten Konzert in der Franklinstraße – ausgerechnet in einem Punk-Club – hat Doro auch heute noch enormes Lampenfieber, bevor sie den ersten Ton herausbringt. Mit dem »Herzblut«, das sie für ihre Musik aufbringt, kann sie das aber geschickt überspielen.

»Was ich geworden wäre, wenn ich nicht Musikerin geworden wäre? Ich wär wahrscheinlich Malerin. Ich liebe alles, was mit Kunst zu tun hat. Aber Musik ist schon mein Lebenselixier.«

Quellen:
Doro – The Official Website (www.doromusic.de).
Christian Herrendorf: Mein Düsseldorf. Doro zurück im Dome. RP Online, 6. Juni 2009 (www.rp-online.de).
Anke Kronemeyer: Mein Leben in Bildern. Doro Pesch zeigt ihr Fotoalbum. RP Online, 1. Mai 2014 (www.rp-online.de).
Rockpalast Backstage: Doro. Interview mit der Musikerin Doro Pesch. MDR Fernsehen, 7. Januar 2016, 00.50 Uhr.

Bibliografische Informationen der Deutschen Bibliothek
Die Deutsche Bibliothek verzeichnet diese Publikation in der Deutschen Nationalbibliografie; detaillierte bibliografische Daten sind im Internet über http://dnb.d-nb.de abrufbar.

Umschlaggestaltung: Katja Holst, Frankfurt, unter Verwendung von Illustrationen von Sandra Kamperdicks, Düsseldorf
Illustrationen: Sandra Kamperdicks, Düsseldorf
Satz: Droste Verlag
Druck und Bindung: GGP Media GmbH, Pößneck
ISBN 978-3-7700-1577-1

www.drosteverlag.de